Barbara Berckhan

Souverän NEIN sagen

Barbara Berckhan

Souverän NEIN sagen

Drei Schritte zur klaren Abgrenzung

Kösel

Sollte diese Publikation Links auf Webseiten Dritter enthalten, so übernehmen wir für deren Inhalte keine Haftung, da wir uns diese nicht zu eigen machen, sondern lediglich auf deren Stand zum Zeitpunkt der Erstveröffentlichung verweisen.

Alle in diesem Buch veröffentlichten Aussagen und Ratschläge wurden von der Autorin und vom Verlag sorgfältig erwogen und geprüft. Eine Garantie kann jedoch nicht übernommen werden, ebenso ist die Haftung der Autorin bzw. des Verlags und seiner Beauftragten für Personen-, Sach- und Vermögensschäden ausgeschlossen.

MIX
Papier aus verantwortungsvollen Quellen
FSC® C014496

Klimaneutral*
Druckprodukt
ClimatePartner.com/14044-1912-1001

Penguin Random House Verlagsgruppe FSC® N001967

Neumarkter Str. 28, 81673 München
Umschlag: Weiss Werkstatt München
Umschlagmotiv: © Shutterstock.com (AStudio-1; Marco Ohmer)
Illustrationen: Wolfgang Pfau, Baldham
Redaktion: Dr. Diane Zilliges, Bietigheim-Bissingen
Satz: Uhl & Massopust, Aalen
Druck und Bindung: GGP Media GmbH, Pößneck
Printed in Germany
ISBN 978-3-466-34790-2
www.koesel.de

Inhalt

Einleitung

In einer Welt, die scheinbar verrücktspielt, gibt es ein Wort, das wir alle dringend brauchen: **nein**. Unser Nein ist weit mehr als nur eine Ablehnung. Es setzt eine Grenze. Was immer die Welt um uns herum veranstaltet: Wir bestimmen, was wir reinlassen und was draußen bleibt.

Mit unserem Nein schützen wir unsere Seele und unseren Körper vor schädlichen Einflüssen. Mit unserem Nein verwalten wir unsere kostbarsten Ressourcen: unsere Aufmerksamkeit, unsere Zeit und unsere Energie.

Das Neinsagen ist Ausdruck unserer Selbstbestimmung. Wir müssen nicht gehorchen und die Erwartungen anderer Menschen erfüllen. Wir müssen nicht jedem Trend folgen, jede Mode mitmachen, jeden Hype in uns aufnehmen. Mit unserem Nein machen wir deutlich, dass wir keine Marionetten sind, die von außen gesteuert werden.

Unser Nein hat eine Rückseite. Wenn wir Nein sagen, sagen wir zu einer anderen Sache Ja. Deshalb öffnet unser Nein auch eine Tür für das, was wir wollen.

Meine liebste Mischung besteht aus beidem: dem Nein und dem Ja. Während du Nein sagst, kannst du gleichzeitig auch Ja sagen. Zum Beispiel sagst du Ja zu der Beziehung mit einem anderen Menschen und Nein zu einem konkreten Verhalten, das dich beim anderen stört. Oder du sagst Ja zu einem Projekt, einer Reise, einer Party. Und zugleich machst du deutlich, wo bei dir Schluss ist.

Hier entdeckst du dein passendes Nein: In diesem Buch habe ich besonders viel Wert darauf gelegt, dass du dein eigenes, stimmiges Nein findest. Eine Abgrenzung, die zu deiner Persönlichkeit passt. Dabei helfen dir die Fragen und die drei Arbeitsblätter, die du in jedem Kapitel findest. Die drei Arbeitsblätter bauen aufeinander auf. Du bekommst schrittweise immer mehr Souveränität und innere Stärke für dein eigenes Nein. Falls du das Buch querliest, das ist das Zeichen für die Fragen zum Reflektieren und die Arbeitsblätter:

Wie du zu einem souveränen Nein kommst: Im ersten Teil des Buches geht es darum, die eigenen Grenzen bewusst zu setzen. Ich zeige dir, was dein Hoheitsgebiet ausmacht, über das du allein bestimmst. Du erfährst, wie eine gute Abgrenzung verhindert, dass du überfordert oder ausgenutzt wirst. Und welche Muster bei dir vielleicht dazu führen, dass du automatisch aufspringst und zu schnell Ja sagst.

Die Nein-Ja-Liste hilft dir, mehr Wohlbefinden in dein Leben zu bringen. Dein Nein bekommt einen Ehrenplatz. Gleichzeitig findest du mithilfe dieser Liste neue Ideen, die dich zu deinem Ja führen – zu dem, was für dich stimmig und passend ist. Die Tipps im Buch sind mit diesem Icon gekennzeichnet:

Im zweiten Kapitel geht es um das wichtigste Nein überhaupt, eine Abgrenzung, mit der du deine Seele, deinen Körper und deine Beziehungen schützt: Das Nein zu den Machenschaften des inneren Kritikers, des Antreibers und des Sorgenmachers. Ohne eine gute Abgrenzung können diese drei Teile deiner Persönlichkeit bei dir einen massiven Schaden anrichten. Keine negative Kraft von außen, kein äußerer Feind kann dich so dauerhaft quälen und foltern wie dieses Trio Infernale. Ich zeige dir, wie du seine Machenschaften in deinem Denken bewusst erkennst und dich davon abgrenzt. Die zahlreichen Strategien, die ich dir in diesem zweiten Kapitel und im gesamten Buch präsentiere, sind so markiert:

Im dritten Kapitel des Buches erfährst du, wie du die passenden Worte für dein Nein findest. Und wie du stressfrei, möglichst ohne zu kämpfen, deine Grenzen setzt. Ich zeige dir viele Gesprächsstrategien, die dir dabei helfen. Du erkennst sie an diesem Icon:

Um langfristig aus dem Zuviel auszusteigen, brauchst du deine Weisheit. Dieser weise Teil deiner Persönlichkeit weiß, wie du gestrickt bist. Und mit seiner Hilfe kannst du einen Weg finden, dein Leben auf die leichte Schulter zu nehmen. Am Ende des Buches erfährst du, wie du deine Weisheit zu jeder Zeit um Rat fragen kannst.

1
Wie du den Murks der Welt auf Abstand hältst

Falls du dich manchmal erschöpft fühlst oder genervt bist, kann das zwei Ursachen haben. Erstens: Du hast keine Grenze gesetzt. Zweitens: Du hast zwar eine Grenze gesetzt, aber deine Umgebung merkt nichts davon. Deine Grenze ist zu schwach.

Dazu kommt das, was andere Menschen von uns wollen. Wir werden jeden Tag mit dem konfrontiert, was andere von uns erwarten. Unsere Mitmenschen stellen ihre Probleme und ihre Anforderungen bei uns ab und erwarten, dass wir zupacken. Ohne ein klares Nein werden wir zu ihrem Lastenesel, der ständig ausgenutzt wird.

Drei Vorteile des klaren Neinsagens: Du lässt dich nicht ausnutzen. Die Probleme anderer Leute musst du nicht lösen. Du bleibst bei dem, was für dich gut und richtig ist.

Ohne eine deutliche, erkennbare Abgrenzung passiert es unweigerlich, dass andere Menschen in dein Hoheitsgebiet eindringen. Dort laden sie das ab, was eigentlich *nicht* zu dir gehört. Sie überfrachten dich mit ihren Wünschen und Interessen. Sie bereiten ihre Probleme vor dir aus. Belagern dich mit ihren Erwartungen und Sorgen. Sie verlangen von dir, dass du ihnen deine Aufmerksamkeit, deine Energie, deine Zeit und manchmal auch dein Geld gibst.

Sie tun das (meist) ohne böse Absicht. Die allerwenigsten deiner Mitmenschen schmieden morgens beim Kaffeetrinken dunkle Pläne, wie sie dich nachher ausbeuten oder manipulieren können. Die Sache ist ganz einfach: Deine Mitmenschen breiten sich in deinem Hoheitsgebiet aus, weil sie kein Stoppschild sehen. Ihnen fehlt eine klare Grenze, ein deutliches »Hier bestimme ich«.

Ohne klare Grenzen werden wir überlastet.

Ohne diese deutliche Abgrenzung bekommst du eine ungewollte Flut: Du hast zu viele Verpflichtungen, zu viele Termine, zu viel Verantwortung. Und auf der anderen Seite entsteht bei dir eine ungewollte Ebbe: Dir fehlt Zeit, um dich gut selbst zu versorgen, um deine Batterien wiederaufzuladen. Du hast zu wenig Energie und Aufmerksamkeit für das, was du wirklich willst. Deine Bedürfnisse kommen zu kurz.

Wem fällt es häufig schwer, Nein zu sagen und sich abzugrenzen?

In meiner Arbeit ist mir aufgefallen, dass es fast allen Menschen (mich eingeschlossen) irgendwann im Leben schwerfällt, Nein zu sagen. Ich selbst erlebe immer wieder, dass ich bei neuen Projekten und bei allem, was ich neu lerne, irgendwo auf der Rückseite eine Abgrenzung brauche. Anders gesagt: Jedes Ja zu etwas Neuem braucht mehrere Neins, mit denen ich etwas Altes abschaffe. Beispielsweise indem ich eine alte Gewohnheit beende, nutzloses Zeug rauswerfe, mich von einem Tätigkeitsfeld verabschiede, Ablenkungen und Bimbam stark reduziere. Und jedes Mal ringe ich innerlich mit dem Neinsagen. Es fällt mir nicht leicht, obwohl ich dazu Trainingsseminare gebe und darüber in Büchern schreibe.

In jedem Lebensabschnitt brauchen wir ein klares Nein, eine Abgrenzung zu etwas Altem, um wirklich Ja zum Neuen sagen zu können.

Schlechte Erfahrungen von früher können hier hineinspielen, in der Form, dass Grenzen damals nicht respektiert wurden. Bei meiner Arbeit habe ich Menschen kennengelernt, die massive Schwierigkeiten hatten, klare Grenzen zu ziehen und ihr Nein souverän unter die Leute zu bringen. Besonders schwer fiel das Neinsagen denjenigen, die als Kind erlebt haben, dass ihre Grenzen nicht geschützt und respektiert wurden. Sie kamen aus Familien, in den sie als Kind vernachlässigt wurden und manchmal auch Gewalt oder Missbrauch erlebt haben.

Aber das Grenzensetzen fällt auch denjenigen schwer, die bereits als Kind eine Elternrolle übernommen haben. Das kann passieren, wenn ein Elternteil seelisch erkrankt ist oder eine Suchterkrankung hat. In solchen Fällen fangen Kinder oft an, sich um den erkrankten Elternteil zu kümmern. Sie stellen ihre eigenen Bedürfnisse zurück und sorgen, so gut sie es können, für ihren Papa oder ihre Mama.

Ich habe auch mit Menschen gearbeitet, die als Erwachsene von anderen verletzt und ausgenutzt wurden. Um zu verhindern, dass sie noch einmal so verletzt werden, bauen sie jetzt Mauern um sich herum auf. Sie sagen nicht Nein, sondern sie schotten sich ganz von anderen Menschen ab. Normale Grenzen zu setzen und gelassen Nein zu sagen, das fällt ihnen sehr schwer.

Deine Fähigkeit, Nein zu sagen, stärkt dein Selbstwertgefühl. Eine schwache Abgrenzung ist auch ein Mangel an Selbstwert.

Falls du auch solche Erfahrungen gemacht hast, möchte ich dir eine Erkenntnis aus meiner Arbeit mitgeben: Das souveräne Neinsagen kannst du schnell lernen. Denn ich wette, du hast das bereits als Kind geübt. Vielleicht wurde dein Nein damals nicht respektiert oder es ging im Familiendrama unter. Aber du weißt, wie es geht. In diesem Buch findest du zahlreiche Strategien, die dir das Neinsagen erleichtern. Wenn du als Kind oder als Erwachsener eine schwere Zeit durchgemacht hast, empfehle ich dir besonders die folgenden Strategien:

Die Nein-Ja-Liste am Ende dieses Kapitels hilft dir, dein Nein wahrzunehmen und ihm einen Ehrenplatz zu geben. Außerdem kannst du mithilfe der Liste dafür sorgen, dass du auf das zugehst, was dir guttut und was du brauchst. Dieser Punkt ist sehr wichtig, denn du hast alles Wohlbefinden dieser Welt verdient.

Früher war es vielleicht nötig, dass du brav bist und Ja sagst. Die Zeiten sind vorbei. Du kannst es dir erlauben, Nein zu sagen und damit deine Grenzen zu setzen.

Das ganze zweite Kapitel schärft dein Bewusstsein fürs negative Denken. Und du erfährst, wie du diese Gedankenhölle verlassen kannst. Ich empfehle dir vor allem die Strategie »Wie du in vier

Schritten aus dem Kopftheater rauskommst«. Und unbedingt auch das Arbeitsblatt »Finde deine neuen, wohltuenden Gedanken«.

Vielleicht warst du als Kind den Gefühlsausbrüchen der Großen schutzlos ausgeliefert. Aber jetzt musst du nicht mehr alles an dich heranlassen, was andere emotional absondern. Im dritten Kapitel findest du eine alltagstaugliche Schutzstrategie, die dich im Umgang mit seltsamen Menschen unterstützen kann. Die Strategie des Schutzschilds hilft dir, innerlich auf Distanz zu bleiben, während du mit anderen zusammen bist, mit ihnen redest, diskutierst oder verhandelst.

Und falls du es nicht gewohnt bist, dich ruhig und wertschätzend abzugrenzen, dann ist für dich eine Vorbereitung zum Neinsagen wichtig. Ein Arbeitsblatt dazu findest du auch im dritten Kapitel. Bei allem, was du ausprobierst, gilt: Mach es in deinem Tempo und setz dich nicht unter Druck.

Strategie: Durch diese drei Schritte entsteht eine starke, wirksame Grenze

1. **Schritt: Zuerst stellst du fest, wovon du dich abgrenzen willst.** Wozu möchtest du Nein sagen? Wenn dir das jetzt noch nicht ganz klar ist, macht das nichts. Das ganze Buch handelt davon, dass dir dein Nein und dein Ja bewusst werden.
2. **Schritt: Kommuniziere wirksam.** Du zeigst deiner Umgebung sehr deutlich, was bei dir geht und was bei dir nicht geht. Wofür du zu haben bist und wo bei dir Schluss ist. Viele

praktische Tipps dazu, wie du mit anderen reden und Nein sagen kannst, findest du im dritten Kapitel dieses Buches.

3. **Schritt: Bleib beharrlich.** Um dich herum wird es Versuche geben, an deiner Grenze zu nagen, sie zu durchbrechen oder außer Kraft zu setzen. Das ist ganz normal und für dich kein Problem, weil du dich hartnäckig immer wieder abgrenzt. So oft, wie es nötig ist. Du schaltest deine höfliche Hartnäckigkeit ein (und auch dazu findest du hier viele Anregungen, insbesondere im dritten Kapitel).

Eine starke und wirksame Grenze ist keine Mauer, hinter der du dich versteckst. Wenn ich sie zeichne, sieht sie eher aus wie ein Gartenzaun. Halb hoch, damit du gut drüberschauen kannst. Du erkennst, was auf dich zukommt, und du bist offen dafür, was die Außenwelt und was deine Mitmenschen an dich herantragen. Aber deine Grenze ist stabil genug, um andere davon abzuhalten, ungebremst in deinen Lebensbereich einzudringen.

Eine erkennbare Grenze schützt das eigene Hoheitsgebiet.

Wenn du dieses Buch liest, ist dir bereits klar, dass dein Nein für dich wichtig ist. Aber vielleicht zweifelst du manchmal daran, ob du überhaupt eine Grenze setzen und Nein sagen darfst. Und womöglich fragst du dich, wie du Nein sagen kannst, ohne dass dir alles um die Ohren fliegt.

Verbunden sein heißt auch, sich abgrenzen können

Lass mich etwas allgemeiner anfangen: Seit Menschen diesen Planeten bevölkern, haben sie sich abgegrenzt. Wir sind mit der Natur verbunden und wir grenzen uns von ihr ab. Wir leben in Räumen, die von Wänden umgeben sind, mit einem Dach obendrauf. Diese Abgrenzung sorgt dafür, dass andere Menschen, das Wetter und die Tiere draußen bleiben. Und wir haben eine Haustür, die nicht ständig offensteht. Wir entscheiden, wen oder was wir reinlassen.

Wir sind tierlieb, aber sagen Nein zu den Kopfläusen, die unsere Kinder aus der Schule oder aus dem Kindergarten mitbringen. Wir grenzen uns von den Sonderangeboten des Supermarkts ab, in dem wir nur das kaufen, was uns schmeckt. Sich abzugrenzen und Nein zu sagen gehört zum Leben, wie das Ein- und Ausatmen.

Du hast die Verantwortung für dein eigenes Leben. Das ist dein Hoheitsgebiet. Wie andere Leute leben, was sie tun, denken und fühlen – das gehört nicht zu deinem Hoheitsgebiet.

Es gibt einen wichtigen, alltäglichen Grund fürs Neinsagen und der lautet: Damit schützt du dich. Mit deiner Abgrenzung schützt du dein Hoheitsgebiet. Das ist der Bereich deines

Daseins, der ganz allein deine Angelegenheit ist. Deshalb habe ich es Hoheitsgebiet genannt. Dort bestimmst du. Du bist verantwortlich. Egal, was in der Außenwelt los ist, du bestimmst immer über dein Hoheitsgebiet.

Das ist die Macht, die dir zusteht: dein Hoheitsgebiet

Woraus besteht dein Hoheitsgebiet? Diesen Bereich kann dir niemand wegnehmen, aber die Verantwortung dafür kann dir auch niemand abnehmen. Und: Dein Hoheitsgebiet hat Grenzen.

- **Deine Gedanken und alles, was aus deinen Gedanken entsteht, sind deine Angelegenheit.** Dazu gehören zum Beispiel deine Überzeugungen, deine Meinungen und Sichtweisen, deine Moralvorstellungen und Werte, deine Ziele und Absichten. Du bestimmst, in welche Richtung dein Denken geht und worüber du dir Gedanken machst. Du bist verantwortlich für dein Denken.
- **Deine Gefühle gehören zu deinem Hoheitsgebiet.** Was du empfindest und wie du etwas empfindest, ist allein deine Angelegenheit. Wie lange du zum Beispiel über einen Verlust trauerst, geht niemanden etwas an. Was du gern hast oder wofür du schwärmst, ist ebenfalls allein deine Angelegenheit. Deine Gefühle sind für dich da. Du bestimmst, wie du mit ihnen umgehst. Niemand von außen kann bestimmen, ob du zu wenig oder zu viel empfindest.

- **Dein Körper gehört zu deinem Hoheitsgebiet.** Andere Leute, wie beispielsweise ärztliches Personal dürfen deinen Körper nur mit deiner Zustimmung behandeln. Du bestimmst, in welcher Haltung du sitzt, gehst oder stehst. Es ist deine Sache, ob du deinen Körper trainierst oder nicht. Was du dir in den Mund oder woandershin steckst, bestimmst du. Nur du.
- **Deine Entscheidungen gehören zu deinem Hoheitsgebiet, genauso wie deine Motivation.** Ob du dich für oder gegen etwas entscheidest oder nicht, ob du motiviert bist oder nicht – dafür bist du allein verantwortlich. Was du wählst, ist deine Angelegenheit. Andere Menschen dürfen dir sagen, was sie dir raten, dürfen dir Tipps geben. Aber du entscheidest, ob du dich danach richtest oder nicht. Das gilt auch für die Tipps und Strategien, die ich dir hier anbiete.
- **Wie du dich selbst behandelst, gehört zu deinem Hoheitsgebiet.** Wie du mit dir umgehst, ist allein deine Verantwortung. Du bestimmst, wie du mit dir selbst sprichst, was du in Gedanken zu dir sagst. Deine Gewohnheiten und Routinen sind deine Sache. Du bestimmst, was du dir angewöhnen oder abgewöhnen willst. Du entscheidest, was du trainierst, und du legst auch für dich fest, was du nicht wiederholen willst.
- **Deine wertvollsten Ressourcen – deine Zeit, Aufmerksamkeit und Energie – gehören dir.** Und du bestimmst, wie du sie verteilst. Du gehst die Vereinbarungen ein (beispielsweise einen Arbeitsvertrag), mit denen du einen Teil deiner Zeit, deiner Aufmerksamkeit und deiner Energie einem bestimmten Projekt, einer Tätigkeit oder einer Sache widmest. Du bestimmst, auf welche Vereinbarungen du dich einlässt und auf welche nicht. Du legst für

dich fest, welche Menschen und auch welche Medien deine Zeit und deine Aufmerksamkeit bekommen.

- **Du entscheidest, wie du mit anderen Leuten kommunizierst.** Mit wem du Kontakt aufnimmst und wie du mit anderen Menschen redest, ist deine Angelegenheit. Du bist verantwortlich für die Worte, die aus deinem Mund kommen, für deinen Tonfall und deine Körpersprache. Du – und nur du – entscheidest, ob du eine Frage beantworten willst oder nicht. Du entscheidest, ob du dich auf ein Gesprächsthema einlässt oder ob du das Thema wechselst. Du bist verantwortlich dafür, ob du dich an einer Plauderei, einer Diskussion oder einem Streit beteiligst oder nicht.

Wenn dir dein Hoheitsgebiet vollständig bewusst ist, bist du bereits gut abgegrenzt. Du weißt, was zu dir gehört und in dein Hoheitsgebiet fällt.

Gleichzeitig weißt du auch, was zum Hoheitsgebiet anderer Menschen gehört und wofür du nicht zuständig bist. Und diese gute Abgrenzung sorgt dafür, dass dein Alltag um einiges leichter und entspannter wird.

Die Dramen anderer Leute gehören nicht zu deinem Hoheitsgebiet.

Dein Hoheitsgebiet verschafft dir ein dickes Fell

Du bestimmst immer nur über dein eigenes Hoheitsgebiet. Das der anderen Menschen kannst du nicht beherrschen. Aber bei dir, in deinem eigenen Hoheitsgebiet kannst du dafür sorgen, dass du stabil in deinem Selbstwert verankert bist. Dadurch wirst du ruhiger und gelassener. Du bekommst ein dickeres Fell im Umgang mit anderen Leuten. Wie das praktisch aussieht, zeige ich dir noch.

Das Nörgeln und die schlechte Laune anderer Leute prallen an dir ab

Ohne eine gute Abgrenzung kann dich die Stimmung anderer Menschen belasten. Die Hektik der Leute um dich herum kann dich anstecken. Ihr Jammern zieht dich runter. Wenn dein Gegenüber wütend wird, besteht die Gefahr, dass du auch verärgert reagierst. Glücklicherweise musst du die Gefühle anderer Leute nicht übernehmen. Und du musst auch nicht dagegen ankämpfen. Mit einer guten Abgrenzung bist du in Frieden mit dir selbst, auch wenn alle anderen um dich herum ein Drama veranstalten.

Das, was deine Mitmenschen absondern, kannst du bei ihnen lassen. Was sie denken und fühlen, was sie sagen und wie sie handeln – das alles gehört zu *ihrem* Hoheitsgebiet. Dafür bist du nicht zuständig. Es reicht völlig, wenn du bei dir bleibst.

Mein Tipp

Durch deine bewusste Entscheidung kannst du dich von den Launen deiner Mitmenschen abgrenzen. Und das geht so: Spüre, was von deinem Gegenüber ausgeht. Fühle die Stimmung, die dieser Mensch verbreitet. Verurteile ihn oder sie nicht dafür. Geh innerlich auf Distanz, indem du – nur in Gedanken – zu dir selbst sagst: *Das lass ich beim anderen.* Falls du angespannt bist, atme tief ein … und aus. Lass beim Ausatmen die Spannung los. Wenn du noch eine stärkere Abgrenzung brauchst, empfehle ich dir ein Schutzschild. Mehr über diese Schutzstrategie findest du im dritten Teil des Buches.

Du nimmst Kritik selbstsicher entgegen

Wenn jemand dich kritisiert oder dir ein negatives Feedback gibt, kannst du souverän mit dieser Rückmeldung umgehen. Das, was andere zu dir sagen, musst du nicht sofort in dein Hoheitsgebiet hineinlassen.

Die Kritik, das Feedback hörst du dir in aller Ruhe an. Das, was dein Gegenüber gesagt hat, lässt du *vor* deiner Grenze liegen. Bevor du dazu Stellung nimmst, überprüfst du, was für dich hilfreich ist und was nicht. Das Hilfreiche und Nützliche lässt du in dein Hoheitsgebiet hinein. Du beschäftigst dich damit, denkst darüber nach. Und bedankst dich für das hilfreiche Feedback.

Das, was vielleicht unsachlich oder angriffslustig war, bleibt vor deinem Hoheitsgebiet liegen. Du hast die freie Wahl und deshalb kannst du es dir leicht machen. Mit dem Unsachlichen musst du dich nicht auseinandersetzen. Du darfst es ignorieren. Du bestimmst, womit du dich beschäftigst, worauf du eingehst, wozu du Stellung nimmst.

Du kannst es dir erlauben, die Meinung anderer Menschen dort zu lassen, wo sie entstanden ist: bei den anderen.

Du hörst auf, dich bei anderen einzumischen

Du bist verantwortlich für die Entscheidungen, die du triffst. Du bestimmst, welche Richtung du deinem Leben geben willst. Das gehört zu deinem Hoheitsgebiet. Aber du bist nicht verantwortlich für die Entscheidungen, die deine Mitmenschen treffen. Du bist nicht dafür zuständig, welche Richtung sie ihrem Leben geben. Das gilt auch für die Menschen, die dir sehr nahestehen. Selbst die, mit denen du innig verbunden bist, haben ihr eigenes Hoheitsgebiet. Dein Partner oder deine Partnerin, deine Kinder, deine Eltern – sie alle bestimmen selbst, was sie aus ihrem Leben machen.

Wenn du dich bei deinen Mitmenschen einmischst, versuchst du ein Hoheitsgebiet zu verwalten, das dir nicht gehört. Das führt früher oder später zu Streitereien. Oder du verwickelst dich in schräge Abhängigkeiten.

Falls du mit den Entscheidungen deiner Leute nicht einverstanden bist, steht es dir frei, deine Meinung zu sagen. Du kannst ihnen Tipps geben oder andere Lösungen anbieten. Aber platziere deine Meinung und deine Tipps immer *vor* dem Hoheitsgebiet der anderen. Damit respektierst du ihre Individualität und ihre Grenzen.

Du bleibst gut abgegrenzt, wenn sich andere Leute bei dir einmischen wollen

Kein Außenstehender (auch ich nicht) kann wissen, was für dich gut und richtig ist. Du hast deine ureigene Stimmigkeit. Das ist dein eigenes Gespür für das, was für dich passend ist.

Der einzige Mensch, der dir sagen kann, was du brauchst, bist du selbst.

Das, was andere Leute zu dir sagen, sind deren Gedanken, deren Meinung, deren Überzeugungen. Es ist das, was sie – die anderen – für gut und richtig halten. Auch wenn deine Mitmenschen nur das Beste für dich wollen, bist und bleibst du die Herrscherin/der Herrscher über dein Hoheitsgebiet.

Es gibt eine klassische Einmischungs-Rhetorik, die du bewusst erkennen kannst. Sei wachsam, wenn dein Gegenüber so etwas oder etwas Ähnliches zu dir sagt:

- »Weißt du, was dein Problem ist? Du bist viel zu emotional / zu weichherzig / zu egoistisch …«
- »Ich will dir mal sagen, was bei dir nicht stimmt. Und zwar …«
- »Du solltest auf mich hören. Ich weiß, was für dich das Richtige ist.«

Mit solchen oder ähnlichen Floskeln beginnen Grenzüberschreitungen. Das merkst du. Und natürlich bleibst du gut abgegrenzt. Du musst nicht schroff oder böse werden, um die Einmischung zu stoppen. Du kannst gelassen – ja sogar verständnisvoll – reagieren. Und Hand aufs Herz: Wie oft hast du schon versucht, dich bei anderen einzumischen? Ja, du hast es auch nur gut gemeint.

Erlaube allen Menschen in deiner Umgebung, dir das zu sagen, was sie dir sagen wollen. Hör es dir in Ruhe an. Aber du entscheidest, was du für dich akzeptierst, was du in dein Hoheitsgebiet hineinlässt.

Das Drama der kompetenten Menschen: Sie sind immer gefragt und können nicht Nein sagen

Gerade sehr kompetente Menschen haben häufig die Angewohnheit, ihr Nein zu verwischen. Ich bin da keine Ausnahme. Einer meiner Auftraggeber bittet mich darum, eine zusätzliche Aufgabe zu erledigen. Ich spüre innerlich eine Ablehnung. Derjenige, der diese Bitte an mich richtet, fragt vorsichtig: »Das macht Ihnen doch nichts aus, oder?«, und sofort springt der Kompetenzteil meiner Persönlichkeit an. Dieser Teil krempelt die Ärmel hoch und sagt laut: »Kein Problem. Das schaffe ich.« Mein inneres Nein bleibt ungehört, ohne eigene Stimme.

Das ungehörte Nein ist nicht wirklich verschwunden. Es rutscht in den Untergrund der Seele. Dort gärt und grummelt es vor sich hin. Ich ärgere mich über mich selbst. Wieso habe ich so schnell Ja gesagt?

Vielleicht kennst du das auch. Irgendetwas stört dich, das kann eine Bitte, ein Termin oder eine Aufgabe sein. In dir entsteht spontan eine Ablehnung, ein Nein. Sofort danach starten in deinem Kopf eine Reihe von Gedanken, mit denen du das Nein wegwischst. Diese Gedanken lauten so oder ähnlich:

Wenn du selbst dein Nein wegwischst oder es dir ausredest, mach dir bewusst, wovor du dich fürchtest.

- »Ach, das ist blöd! Aber das wupp ich schon irgendwie.«
- »Das ist nur eine einmalige Sache. Die wird mich nicht umbringen.«
- »Ich will mich jetzt nicht zoffen. Also beiß ich in den sauren Apfel.«

- »Mir bleibt nichts anderes übrig. Ich muss da durch.«
- »Bevor ich viel Tamtam mache, erledige ich das schnell.«
- »Da beiß ich die Zähne zusammen. Augen zu und durch.«

Das sind typische Gedanken, mit denen das eigene Nein verwischt oder unterdrückt wird. Kommt dir das bekannt vor? Was sagst du zu dir selbst, um dich von einem Nein wegzubringen?

Die vier kompetenten Typen, die nicht Nein sagen können

Ich habe beobachtet, dass es vier Typen von sehr kompetenten Menschen gibt, die ihr Nein häufig wegwischen. Es ist beinah so, als hätten diese Typen einen Druckknopf, auf den die anderen drücken und schon verlieren die Kompetenten ihre Abgrenzung. Sie sagen automatisch Ja und vergessen ihr Nein.

Sie sehen, was zu tun ist, und sie wissen, dass sie es hinkriegen. Und schwups – schon packen sie zu. Die Mitmenschen sind heilfroh, dass sie verschont bleiben. Da ist jemand, der sofort jeden Karren aus dem Dreck zieht. Jemand, der sich verantwortlich fühlt und nicht lange fackelt. Alle anderen können sich zurücklehnen.

Schau dir diese Muster an und überprüfe, ob auch du dafür anfällig bist.

Der oder die Retterin-in-der-Not

Dieser Typ lässt sich durch Dramen und Katastrophen vom eigenen Nein abbringen. Diese Menschen reagieren besonders auf Durchsagen wie: »Du, es geht mir echt schlecht. Ich dreh total am Rad. Ich weiß nicht, wie ich ohne dich überhaupt weitermachen soll. Ich bin so kurz davor, die Nerven zu verlieren …« Solche oder ähnliche Worte drücken bei Retterinnen-in-der-Not den Alarmknopf. Und dann lassen sie alles stehen und liegen, um sofort zu helfen. Kein Wunder, dass viele Retterinnen-in-der-Not von Menschen umgeben sind, die häufig in Schwierigkeiten geraten.

Die oder der Fehler-Ausgleicher

Das sind die Kompetenzträger, die wissen, wie es geht. Leider sind sie manchmal umzingelt von Leuten, die nix wissen. Oder von Leuten, die so tun, als hätten sie keine Ahnung. Der Fehler-Ausgleicher springt in die Bresche, wenn er merkt, dass andere Fehler machen oder schlechte Arbeit abliefern. Fehler-Ausgleicher verlieren schnell ihre Abgrenzung, wenn sie hören, dass andere Murks veranstalten, etwa so: »Also diese Verbindungsstücke passen nicht. Ich klopf die trotzdem zusammen. Da ist zwar nachher Druck auf der Leitung, aber das wird schon halten – oder nicht? Ich seh nicht, wie ich das anders hinkriegen soll. Fällt dir dazu was ein?« Und bevor der Fehler-Ausgleicher den angerichteten Mist wieder in Ordnung bringen muss, macht er die Arbeit lieber gleich selbst, am besten von Anfang an und allein.

Die oder der Helfer der Schwachen

Dieser Typ hat ein großes Herz für Menschen, die benachteiligt sind. Für Menschen, die beispielsweise gehandicapt sind, die geflüchtet oder wohnungslos sind. Wenn die Not der Mitmenschen sichtbar wird, verliert dieser Helfertyp hin und wieder die eigene Abgrenzung. Die innere Haltung lautet: »Mir geht es vergleichsweise gut, deshalb muss ich tun, was ich kann, um zu helfen.« Diese Haltung wird normalerweise mit Anerkennung und Schulterklopfen belohnt. Alle Welt sagt: Ja, das ist richtig.

Aber ohne eine klare Abgrenzung, ohne ein Nein, überlasten sich die Helfer. Während sie geben und geben, verlieren sie sich selbst schnell aus den Augen. Sie merken nicht mehr, was sie selbst brauchen. Sie geben immer noch, während ihr Energietank bereits leer ist. Helfer, die energetisch am Ende sind, werden oftmals bitter und aggressiv. Ihre Seelen schreien schon lange Nein, aber die Not da draußen scheint wichtiger zu sein als die eigene innere Not.

Der oder die 150-Prozent-Geberin

Dieser Typ ist meistens eine Frau. Sie ist ständig damit beschäftigt, alles unter einen Hut zu bekommen. Sie ist eine gute Mutter für ihre Kinder, leistungsstark im Job, eine aufmerksame Partnerin in der Ehe, kümmert sich um ihre Freunde und Angehörigen, wuppt den Haushalt und hält sich fit. Auf jeder Aufgabe in ihrem Alltag klebt ein Etikett, auf dem steht: »Gib dein Bestes!«

Es nur halbwegs hinkriegen? Nein, sie will es sehr gut erledigen. Dabei erfüllt sie jede Erwartung. Makellos. Sie gibt mehr als 100 Prozent. Was natürlich nicht geht, jedenfalls nicht auf Dauer. Leider wachen die 150-Prozent-Geberinnen erst auf, wenn ihr Hochleistungssystem zusammengebrochen ist. Bis es so weit kommt, reißen sie sich zusammen und tun so, als wären sie grenzenlos belastbar.

Erkennst du dich in einem dieser Typen wieder? Wenn ja, dann hast du den wichtigsten Schritt schon gemacht: Es ist dir bewusst geworden.

Die Druckknöpfe der Überlastung – und woraus sie gemacht sind

Falls du zu einem der Typen gehörst, ist es wichtig, dass du merkst, wie dieses Muster bei dir abläuft. Denn die Leute in deinem Umfeld wissen, wie sie dich dazu kriegen, dass du durch ihre Reifen springst. Die Außenwelt kennt deine Druckknöpfe. Kennst du sie auch? Die folgenden Fragen helfen dir dabei, das herauszufinden.

- Welche Art Situation sorgt dafür, dass du dich überlastest?
- Welchen Knopf muss ich bei dir drücken, damit du deine Abgrenzung verlierst und Ja sagst?
- Was kann ich sagen oder tun, damit du meinen Kram erledigst?
- In welcher Verfassung müsste ich sein, damit du dich verantwortlich fühlst und den Karren aus dem Dreck ziehst?
- Übernimmst du die Lasten, wenn ich zwei linke Hände habe und vor deinen Augen Fehler mache? Wenn ich beispielsweise mit meiner murkeligen Arbeit das Projekt ruiniere?
- Oder springst du auf, wenn ich leide? Wenn ich dir erzähle, wie schlecht es mir geht? Hilft es, wenn ich weine?
- Reagierst du auf Desaster-Visionen? Springst du auf, wenn ich dir sage, dass alles den Bach runtergeht, wenn du dich nicht darum kümmerst?

Wenn dir klar wird, welche Druckknöpfe du hast, bist du gewappnet. Du kannst das alte Muster durchbrechen. Übrigens: Das Ganze ist nicht deine Schuld. Deine Druckknöpfe und deine alten Muster sind keine Fehler, die du gemacht hast. Es sind nur Angewohnheiten, die früher mal einen Sinn hatten. Im Laufe der Zeit wurde daraus eine automatische Reaktion, die wie von selbst immer wieder anspringt. Du aber kannst alles, was du dir angewöhnt hast, unterbrechen und verändern.

Wenn andere gegen dein Nein protestieren

In dem Moment, in dem du aus dem alten Muster aussteigst und dich abgrenzt, hast du etwas Bekanntes verändert. Das ist für dich und deine Leute neu. Nicht alle gratulieren dir zu deiner neuen Abgrenzung. Das kannst du sicherlich nachvollziehen.

Deine Leute bekommen jetzt die Ungemütlichkeiten zu spüren, die du bisher von ihnen ferngehalten hast. Das kann bei den anderen zu Unmut, Frustration oder Protest führen. Vielleicht werden einige deiner Leute versuchen, bei dir wieder die bekannten Knöpfe zu drücken. Und das tun sie womöglich heftiger, damit du zurück in deine alte Spur kommst.

Überprüfe das: Sind diejenigen, die dein Nein ablehnen, auch diejenigen, die bisher davon profitiert haben, dass du immer Ja gesagt hast?

Das ist menschlich und du kannst damit gelassen umgehen. Ja, du akzeptierst den Protest, während du beharrlich bei dem bleibst, was du dir vorgenommen hast. (Mehr zum Thema Beharrlichkeit findest du im Kapitel »Wie du souverän Nein sagst, ohne dich aufzureiben«.)

Was bist du bereit, zu riskieren?

Könnte es sein, dass dein Neinsagen dich auch ein wenig bange macht? Riskierst du etwas, wenn du dich besser abgrenzt? Wenn ich mit jemandem ein Coaching durchführe, stelle ich gezielte Fragen, um das Risiko ins Bewusstsein zu bringen. Diese Fragen stelle ich dir hier auch. Pick dir die heraus, mit denen du etwas anfangen kannst. Die Fragen, die bei dir am meisten auslösen.

- Welche konkreten Nachteile oder Probleme hast du dir eingehandelt durch deine mangelnde Abgrenzung oder durch dein zu häufiges »Ja, mach ich«?
- Möchtest du da rauskommen?
- Hast du Angst davor, dich abzugrenzen oder öfter Nein zu sagen?
- Gibt es für dich persönlich ein Risiko, wenn du anfängst, öfter Nein zu sagen?
- Was befürchtest du, könnte passieren, wenn du dich mehr abgrenzt oder häufiger Nein sagst?
- Wie hoch ist die Wahrscheinlichkeit, dass du mit deinem Nein tatsächlich Nachteile erlebst?
- Was kannst du tun, um dieses mögliche Risiko, diese Nachteile zu verkleinern oder abzuschaffen?
- Welche Vorteile hat es für dich, wenn du dich mehr abgrenzt oder öfter Nein sagst?

Mögen dich die anderen noch, wenn du Nein sagst? Vielleicht machst du dir auch Sorgen darüber. Du wirst mutiger, wenn du deine Ansichten ein wenig änderst. Ich präsentiere dir hier eine Ermutigungsstrategie zum Neinsagen.

Strategie:
Mut zum Neinsagen

- **Werde dir bewusst, dass deine Angstfantasien ausgedacht sind.**
  Wenn du dir vorstellst, dass andere Menschen dein Nein ablehnen oder dich dafür verurteilen, dann mach dir klar, was du da gerade tust: Du stellst dir etwas vor. Deine Vorstellungen sind nur Gedanken, die du dir ausgedacht hast. Wenn das Ganze aber nur ausgedacht ist, kannst du es ändern. Du bist nicht gezwungen, auf deinen Befürchtungen herumzukauen. Du kannst dir etwas Besseres ausdenken.

  Stell dir vor, dass alles glattläuft. Mal dir in Gedanken aus, wie deine Mitmenschen dein Nein einfach akzeptieren. Und stell dir vor, dass deine Leute dich weiterhin mögen, obwohl du zu ihnen Nein gesagt hast.

- **Was du erwartest, das lädst du ein. Erwarte also nur das Beste.**
  Was du dir in Gedanken vorstellst, das erwartest du. Wenn du erwartest, dass du mit deinem Nein abgelehnt wirst, strahlst du das auch aus. Deine negative Erwartung spiegelt sich in deiner Wortwahl, in deiner Stimme und in deiner Körperhaltung. Sie springt dir sozusagen aus dem Knopfloch. Und das wirkt wie eine Einladung auf deine Mitmenschen. Viele werden dir den Gefallen tun und dich ablehnen, weil du diese Erwartung ausgestrahlt hast.

  Ändere deine Erwartungen. Geh ganz selbstverständlich davon aus, dass du mit deinem Nein akzeptiert wirst. Strahl das nach außen aus: »Mein Nein ist absolut akzeptabel.«

- **Verbieg dich nicht für andere Menschen.**
  Um dich selbst zu mögen, musst du nicht allen Menschen immer gefallen. Du darfst dir selbst treu bleiben, indem du das sagst und tust, was für dich stimmig ist. Deine Mitmenschen dürfen über dich denken, was sie wollen. Das tun sie sowieso. Wichtig ist, wie du dich selbst siehst. Du bist immer wertvoll und total in Ordnung – egal, ob du Nein oder Ja sagst.

Das Neinsagen kann manchmal eine Mutprobe sein. Doch dieses ganze Buch unterstützt dich dabei, dein Nein zu finden und es auszudrücken. Zwei der wichtigsten Stärkungsmittel, die dir dabei helfen, möchte ich dir sofort zeigen. Nummer eins ist der Umgang mit deinen eigenen Ansprüchen. Wenn du körperlich stark sein willst, baust du deine Muskeln auf. Wenn du dich seelisch stärken willst, baust du deine Ansprüche ab. Ja, abbauen. Du wirst stärker, wenn du dich weniger unter Druck setzt. Darauf zielt dieses Stärkungsmittel, das ich dir gleich noch genauer erklären werde.

Das zweite Stärkungsmittel kommt danach. Es zeigt dir, wie du dich verlangsamen kannst, um dir Zeit zu nehmen, bevor du auf Anfragen, Bitten und Ähnliches reagierst.

Strategie: Drei Schritte, mit denen du dich sofort stark machst

- **Nimm den Druck raus und befrei dich von Muss und Soll.**
  Du musst überhaupt nichts. Und du solltest auch nichts.

Das gilt auch fürs Neinsagen und fürs Grenzenziehen. Du hast lange Zeit auf einen äußeren Druck reagiert. Fang jetzt nicht an, dich von innen unter Druck zu setzen. Du kannst Nein sagen, aber musst es nicht. Noch einmal: Es gibt kein Muss.

Entspann dich. Geh freundlich mit dir um. Wenn du etwas ändern möchtest, dann nur in deinem Tempo. So, wie es für dich passend ist. Zu dem Zeitpunkt, der für dich stimmig ist. Kein Muss, kein Sollte.

- **Erlaube dir, zu experimentieren.**

Du musst nicht gleich alles richtig machen. Du kannst zunächst etwas Neues ausprobieren. Versuch und Irrtum. Genehmige dir einen Rückzieher, wenn deine Versuche für dich irgendwie schädlich zu werden drohen.

Ja, deine neue Abgrenzung ist nicht sofort standsicher und hübsch anzuschauen. Das Ganze wirkt zunächst wie eine Baustelle. Du werkelst herum, probierst beim Reden und Schreiben neue Formulierungen aus, reagierst sehr langsam auf das, was andere dir mitteilen. Du gönnst dir öfter eine Pause. Und manchmal änderst du deine Meinung. Du erlaubst es dir, herumzuwursteln.

Ja, das ist souverän.

- **Fang mit dem kleinsten Etwas an.**

Du musst keine Revolution anzetteln. (Es sei denn, du willst es.) Dein altes Muster und deine Druckknöpfe sind nicht von heut auf morgen entstanden. Dienstag noch voll abgegrenzt mit einem deutlichen Nein. Und am Mittwoch voll im Helfersyndrom, mit runtergetrampelten Grenzen und einem Dauer-Ja. So war das nicht.

Das alte Muster ist alt. Vielleicht hast du es schon als Kind erlernt. Es lässt sich nicht mit einem Fingerschnipsen, mit einem einzigen Gespräch oder einer E-Mail abschaffen. Muss es auch nicht.

Es geht um das kleine Etwas, die kleine Veränderung, die du heute auf den Weg bringst. Und morgen. Anschließend achtest du darauf, wie es dir damit geht. Dann kommt das nächste kleine Etwas, die nächste kleine Änderung. Und so weiter. So schnell oder langsam, wie du möchtest.

Strategie: So kannst du dich verlangsamen und dir Bedenkzeit nehmen

- **Zeig deine souveräne Kompetenz.**
  Neinsagen ist keine Bockigkeit und kein Trotz. Dein Nein ist ein Zeichen für deine Kompetenz. Du lässt nicht zu, dass du ausblutest oder dass du ausgenutzt wirst. Leg für dich selbst fest, wovon du dich abgrenzen willst. Ob und wie du dich entscheidest – dafür bist du verantwortlich. Wie andere Leute deine Entscheidung beurteilen, ist nicht deine Angelegenheit.

- **Sei aufmerksam.**
  Achte darauf, was bei dir passiert, wenn du mit den Erwartungen anderer Leute, mit einer Krise oder einer dramatischen Schilderung konfrontiert bist. Was geht in dir vor? Welche Gedanken gehen dir durch den Kopf?

  Was immer du bei dir bemerkst, geh freundlich mit dir um. Nichts an dir ist verkehrt. Mach dir klar, dass du die

Wahl hast. Du entscheidest, wie du mit dem umgehen willst, was auftaucht.

- **Gib dir selbst Bedenkzeit, bevor du reagierst.**
  Nimm dich selbst kurz raus aus dem Kontakt. Beantworte die E-Mail nicht sofort. Sag der anderen Person am Telefon, dass du gleich zurückrufst. Lass dein Gegenüber wissen, dass du kurz nachdenkst, bevor du etwas zum Gesprächsgegenstand sagen wirst.

  Durch diese Verzögerung gibst du dir selbst die Möglichkeit, bewusst dein Ja und dein Nein im Auge zu behalten. Du merkst, welche Aufgaben vor dir liegen oder was dein Gegenüber will. Jetzt kannst du bei dir selbst einen Ja-Nein-Check vornehmen:
  - Willst du das alles erledigen?
  - Bist du wirklich dran?
  - Willst du helfen?
  - Und falls du helfen willst, wo ist deine Grenze?
  - Wie weit geht dein Engagement?
  - Wozu sagst du Nein?

- **Vertritt selbstbewusst deine Abgrenzung.**
  Du erlaubst dir, Nein zu sagen. Das ist die einzige Erlaubnis, die du brauchst. Wie weit du dich abgrenzt, bestimmst du. Sag deutlich und klar, was du willst oder nicht willst. Dabei bist du unvoreingenommen. Voller Neugier erlebst du, wie deine Mitmenschen darauf reagieren. Du lässt ihnen ihre Reaktion und bleibst in deinem Hoheitsgebiet, gut abgegrenzt. (Mehr Tipps und Strategien, mit denen du dein Nein selbstsicher ausdrücken kannst, findest du im dritten Kapitel.)

Das automatische Jasagen stoppen: sich Bedenkzeit nehmen

Schlechtes Gewissen beim Neinsagen? Wie du von den Schuldgefühlen wegkommst

Ich arbeite im Coaching manchmal mit Menschen, die zwar Nein sagen wollen, es aber nicht tun. Sie werden von ihren Schuldgefühlen blockiert. Ihr schlechtes Gewissen entsteht, weil sie an einige Gedanken und Überzeugungen glauben, die sie nie überprüft, also nicht reflektiert haben. Einige dieser Überzeugungen klingen so oder ähnlich:

- »Ich bin dafür zuständig, dass es anderen Menschen gut geht. Wenn ich Nein sage und die anderen unglücklich sind oder es ihnen schlecht geht, ist das meine Schuld.«
- »Ich bin dafür zuständig, dass der Laden läuft. Wenn der Laden pleitegeht oder das Projekt gegen die Wand gefahren wird, ist das meine Schuld.«

Viele Menschen, die unter Schuldgefühlen leiden, glauben insgeheim an das Guter-Mensch-Ideal. Sie gehen – meistens unbewusst – davon aus, dass sie das Jasagen zu einem guten Menschen macht. Denn als guter Mensch, so glauben sie, müssten sie für alles offen sein und immer hilfsbereit reagieren.

Das Guter-Mensch-Ideal gibt es auch in der Variante »leistungsstark und tatkräftig«. Dieses Ideal geht davon aus, dass sich leistungsstarke Menschen stets bemühen, alles perfekt zu erledigen, und nie schlapp machen. In der Variante »liebenswert« geht es darum, dass gute Menschen angeblich immer für andere da sein müssen, um deren Bedürfnisse zu erfüllen, während sie die eigenen Wünsche zurückstellen.

Falls auch du an eine dieser Überzeugungen glaubst, hast du das Gefühl, dein Nein wäre … falsch. Es wäre unmoralisch, fies oder faul, wenn du eine Grenze ziehst oder etwas ablehnst.

Aber das ist ein Irrtum.

Du bist ein guter Mensch, *weil* du Nein sagst. Denn nur durch dein Nein hat auch dein Ja einen Wert.

Du kannst deine Schuldgefühle abbauen, wenn du dein eigenes Guter-Mensch-Ideal für dich überdenkst. Wenn du dich von diesem Gut-sein-Ideal nicht lösen möchtest, dann füg zumindest das Neinsagen hinzu. Du bist in jeder Rolle gut, auch wenn du dich abgrenzt. Du bist weiterhin eine gute Mutter, ein guter Vater deinen Kindern gegenüber, auch wenn du ihnen nicht jeden Wunsch erfüllst. Du bist weiterhin ein guter Kollege oder eine gute Kollegin, auch wenn du Nein sagst und deutlich ausdrückt, dass du etwas ablehnst. Du bist deinen Eltern gegenüber weiterhin eine gute Tochter, ein guter Sohn, auch wenn du zu ihnen Nein sagst. Du kannst

Dein Nein ist kein Verbrechen. Tatsächlich ist es ein Zeichen dafür, dass du dein Leben und deine Beziehungen souverän gestaltest.

der beste Freund, die beste Freundin sein und dennoch sagst du Nein – auch in einer engen Freundschaft.

Du hast Grenzen. Und sie deutlich zu zeigen, ist nicht böse oder falsch. Es ist ein Akt der Freundlichkeit. Du schaffst damit Klarheit. Du offenbarst anderen Menschen gegenüber, wofür du zu haben bist und wofür nicht. Du zeigst anderen, was du mitträgst, wie weit du dabei gehst und wo bei dir Schluss ist. Deine Mitmenschen können sich darauf einstellen.

Diese Klarheit fördert gute Beziehungen. Und indem du deutlich machst, wozu du Ja und wozu du Nein sagst, bist du ein Vorbild. Du ermunterst deine Mitmenschen, das auch zu tun. Du erlaubst allen um dich herum, auch Grenzen zu haben.

Falls du dich beim Neinsagen, bei deiner Abgrenzung schuldig fühlst, habe ich hier einige tiefgehende Fragen an dich. Einige sind vielleicht etwas unbequem. Aber das sind Schuldgefühle auch. Die Fragen helfen dir, deine Schuldüberzeugungen bewusst zu erkennen. Bewusstsein ist immer der erste Schritt, um etwas zu verändern.

Eine Bitte: Nimm dir Zeit für diese Fragen.

- **Möchtest du von deinen Schuldgefühlen wegkommen?**
  Möchtest du dein schlechtes Gewissen loswerden? Diese Frage wirkt vielleicht merkwürdig. Trotzdem: Überprüfe das für dich. Glaubst du, dass du ohne Schuldgefühle weiterhin ein guter Mensch bist?

- **Wofür bist du tatsächlich zuständig?**
  Glaubst du, dass du dafür zuständig bist, dass es deinen Leuten – zu Hause und im Job – immer gut geht?

Bist du verpflichtet, für das Glück deiner Leute zu sorgen? Was bekommst du, wenn du diese Verpflichtung erfüllst? Bekommst du die Zuneigung anderer Menschen? Oder das Gefühl von Zugehörigkeit, von Verbundenheit? Bekommst du das Gefühl, nützlich, brauchbar oder okay zu sein?

- **Wenn du das nächste Mal darüber nachdenkst, Nein zu sagen …**
  … kannst du die aufkommenden Schuldgefühle einfach nur akzeptieren? Nicht dagegen ankämpfen, sondern nur merken, dass sie da sind?

  Könntest du noch einen Schritt weitergehen und deine Schuldgefühle freundlich begrüßen, wie einen alten Freund, der sich wieder einmal bei dir meldet? Und diese Schuldgefühle dann loslassen, wie einen alten Freund, der von dir verabschiedet wird?

Du musst mit dem Neinsagen nicht warten, bis du irgendwann mal keine Schuldgefühle mehr hast. Du kannst jetzt loslegen. Auch wenn du hin und wieder ein schlechtes Gewissen bekommst, kannst du Nein sagen. Genauso wie du selbstsicher auftreten kannst, während du innerlich bange bist oder dich unsicher fühlst. Anders gesagt: Du kommst von deinen Schuldgefühlen weg, wenn du allmählich merkst, dass du sie nicht brauchst. Langsam. Du darfst dir Zeit lassen.

Schuldgefühle haben häufig damit zu tun, dass wir uns überverantwortlich für das Hoheitsgebiet eines anderen Menschen fühlen. Und an dieser Stelle hilft es, sich klarzumachen, dass das Hoheitsgebiet eines anderen Menschen auch sein Schicksal betrifft.

Lass mich dazu kurz ausholen. Das Bewusstsein für unser eigenes Hoheitsgebiet ist nicht einseitig. Wir setzen unsere Grenzen. Aber auf der anderen Seite können wir auch deutlich merken, wo das Hoheitsgebiet eines anderen Menschen anfängt. Natürlich kümmern wir uns um unsere Kinder und sorgen für ihr Wohlbefinden, solange sie noch klein sind. Wir helfen ihnen. Das gilt auch für Menschen, die beispielsweise auf unsere Pflege angewiesen sind.

Du bist mit deinen Leuten am stärksten verbunden, wenn ihr gegenseitig euere Grenzen wertschätzt und euere Hoheitsgebiete respektiert.

Aber schon kleine Kinder fangen an, sich abzugrenzen. Babys zeigen deutlich, dass sie satt sind und nicht mehr trinken wollen. Sie lassen ihre Umgebung lautstark wissen, wann sie beachtet werden wollen und wann sie müde sind. Ältere Kinder wollen beispielsweise selbst bestimmen, welche Kleidung sie anziehen, wann und womit sie spielen. Und wenn wir ihnen helfen wollen, hören wir manchmal: »Lass mich. Das kann ich allein machen.« Streitereien zwischen Eltern und Kindern sind oft Abgrenzungskämpfe. Ja, wir Menschen fangen schon früh an, unser Hoheitsgebiet abzustecken und zu verteidigen.

Zu jedem Hoheitsgebiet gehört auch die Verantwortung, es zu gestalten. Wir können nur unser eigenes Leben gestalten, aber nicht das eines anderen Menschen. Das liest sich hier locker und klar, aber praktisch heißt das: sich raushalten. Sich nicht einmischen in das Hoheitsgebiet eines anderen Menschen. Und genau das kann im Alltag schwer sein. Was ist, wenn ein geliebter Mensch ständig leidet oder schlechte Entscheidungen trifft?

Das Hoheitsgebiet anderer Menschen zu respektieren, ist ein Akt der Liebe.

Wie weit geht die Nicht-Einmischung in die Angelegenheiten anderer Menschen?

Um einem Missverständnis vorzubeugen: Natürlich hilfst du anderen Menschen. Wenn das Haus brennt oder wenn jemand vor deinen Augen einen Unfall hat, bist du zur Stelle und tust, was dir möglich ist. Du hältst der alten Dame die schwere Tür auf und dem Vater mit der Kinderkarre hilfst du in den Bus. Diese Form der Hilfe ist zutiefst menschlich und kein Problem.

Hier geht es darum, beim Helfen abgegrenzt zu bleiben und dich nicht bei anderen einzumischen. Aber vielleicht denkst du, dass es unmöglich ist, wirklich hilfreich zu sein, ohne sich bei einem anderen Menschen einzumischen. Aber das stimmt nicht. Wir können uns gegenseitig helfen und dabei jeweils das Hoheitsgebiet des anderen respektieren. Die nachfolgende Strategie zeigt dir, wie du das hinbekommst.

Strategie: Wie du anderen hilfst und dabei abgegrenzt bleibst

- **Respektiere deine Grenzen und die Grenzen deines Gegenübers.**
  Ob ein anderer Mensch deine Hilfe annimmt oder nicht – bestimmst nicht du. Das ist allein die Sache deines Gegenübers. Wenn du gut abgegrenzt bist, ist es für dich vollkommen okay, wenn die Person deine Hilfe ablehnt.

  Bevor du deine Hilfe anbietest, frag dich selbst, was du davon hast? Möchtest du von deinem Gegenüber etwas bekommen? Erwartest du eine Gegenleistung? Wenn ja, dann rede offen darüber. Dein Gegenüber braucht alle Informationen von dir. Nur dann kann dieser Mensch klar Ja oder Nein zu deinem Hilfsangebot sagen.

- **Geh innerlich in eine nicht direktive Haltung.**

Du demütigst dein Gegenüber, wenn du ihm oder ihr Soll-Vorschriften überstülpst, die etwa so anfangen: »Du musst … Du solltest … Du darfst nicht …« Und egal, wie großartig deine sachlichen Tipps sind, sie werden abgelehnt, wenn du dein Gegenüber mit der »Sollerei« herabsetzt.

Alles, was du jemand anderem anbieten kannst, sind nur Ideen, Vorschläge und Hinweise. Und die legst du *vor* seinem oder ihrem Hoheitsgebiet ab. Am besten sagst du das genauso: »Das ist mein Vorschlag.« Oder: »Ich kann dir einen Tipp geben, und zwar …«

- **Sei ein Vorbild. Zeig deinem Gegenüber, wie du es gemacht hast.**

Statt viele Worte zu machen, kannst du mit gutem Beispiel vorangehen. Zeig deinem Gegenüber anhand von deinem Leben, wie es besser geht. Das, was du tust und wie du lebst, ist oft viel überzeugender als all deine gut gemeinten Ratschläge.

- **Grenz deine Hilfe ein.**

Falls es darum geht, dass du etwas für jemanden erledigst, sag deinem Gegenüber deutlich, wozu du Ja sagen kannst. Und wo deine Grenze ist. Lass dich nicht in ein unkündbares Dauerhilfe-Abo verwickeln, nach dem Motto: »Ab jetzt musst du das immer für mich tun.« Du bist kein Füllhorn, aus dem unbegrenzte Hilfe heraussprudelt.

Indem du das Hoheitsgebiet eines anderen Menschen respektierst, lässt du die Verantwortung dort, wo sie hingehört – beim anderen. Falls du trotzdem das Gefühl hast, du müsstest dich bei jemandem einmischen, dann empfehle ich dir: Überprüfe das, was du über diesen Menschen denkst. Achte darauf, ob du der anderen Person zu wenig zutraust. Vielleicht glaubst du, dass sie die eigenen Probleme nicht lösen kann oder sich falsch entscheiden wird. Gut möglich, dass du dein Gegenüber unterschätzt.

Wenn du mit dieser Person redest, dann achte darauf, dass du klar kommunizierst. Stell sicher, dass du nicht mit deinem inneren Kritiker, deinem Antreiber und deinem Sorgenmacher über diesen Menschen herfällst (mehr über diese drei Quälgeister im Kopf findest du im Kapitel »Geliebte Quälgeister, was habt ihr mir zu sagen?«).

Du kannst deutlich deine Meinung sagen, aber verletze den anderen nicht. Dein Gegenüber macht innerlich dicht und hört dir nicht mehr zu, wenn du angreifst. Auch wenn es dir manchmal schwerfällt, sprich ruhig, freundlich und verständnisvoll. Mach dir immer wieder klar, wo dein Einfluss aufhört.

Die Macht der Medien und wie du deine kostbarsten Ressourcen rettest

Du besitzt drei enorm kostbare Ressourcen, die du jeden Tag verteilst: deine Aufmerksamkeit, deine Zeit und deine Energie. Diese Ressourcen sind allerdings begrenzt. Du hast nicht endlos viel Aufmerksamkeit, Zeit und Energie. Genau das ist der Knackpunkt. Dein klar abgegrenztes Hoheitsgebiet ist die Voraussetzung dafür, dass du diese drei wertvollen Ressourcen selbstbestimmt verteilst.

- Wie viel Aufmerksamkeit, Zeit und Energie bekommen die Dinge, die für dich relevant sind, die dir wichtig sind?
- Und wie viel Aufmerksamkeit, Zeit und Energie investierst du in die Dinge, die banal und unwichtig sind. Oder in Dinge, die dich ängstigen, ärgern oder dich schädigen?

Lass uns über die Macht reden, die täglich versucht, so viel wie möglich von unserer Aufmerksamkeit, unserer Zeit und unserer Energie – in Form von Geld – zu bekommen. Sie ist schon lange ein fester Bestandteil unseres Alltags. Diese Macht, das sind die Medien. Das Fernsehen, das Internet mit den sozialen Medien, die Streaming-Dienste und Printmedien bieten uns rund um die Uhr Unterhaltung, Dramen, Katastrophen und Kommerz an.

Welche Grenzen setzt du einer technologiegesättigten Außenwelt, die dich täglich mit tausend Informationen und Ablenkungen bombardiert?

Schauen wir uns kurz Wirkungen an, die die Medien auf uns haben, beispielsweise die Nachrichtensendungen. Die Nachrichten kooperieren mit einer wichtigen Funktion in unserem Gehirn: Es reagiert sofort mit erhöhter Aufmerksamkeit auf alles, was bedrohlich ist. Und genau das senden die Nachrichten am häufigsten: Bedrohliches.

Natürlich gibt es auch Informationen über Ehrungen, Rettungsaktionen oder kulturelle und sportliche Ereignisse. Aber die meiste Zeit über wird der Schrecken aus aller Welt gesendet. Und wir bekommen diesen Schrecken gehirngerecht zubereitet, in Ton und Bild.

Manche Menschen glauben, sie wüssten, was in der Welt los ist, weil sie täglich die Nachrichten sehen. Dabei vergessen sie, dass Nachrichten selektiv sind. Die Meldungen werden von Redaktionen ausgewählt und die konzentrieren sich hauptsächlich auf die vier K: Krisen, Krieg, Katastrophen und Kriminalität. Wer Nachrichten schaut, bekommt ein düsteres, gewalttätiges, bedrohliches Weltbild serviert.

Nachrichten zeigen nicht exakt, was alles in der Welt geschieht. Sie sind ausgewählte Inszenierungen, die Aufmerksamkeit erregen wollen.

Werde dir bewusst, welche Wirkung die tägliche Informationsflut auf dich hat

Die Meldungen über die vier K haben eine hohe suggestive Kraft. Sie sind Futter für unseren inneren Sorgenmacher (mehr über diesen Teil der Persönlichkeit findest du im Kapitel »Geliebte Quälgeister, was habt ihr mir zu sagen?«). Bei Menschen mit einer Angststörung können diese Schreckensnachrichten die Angst enorm verstärken.

Mein Tipp

Wenn du dir Sorgen machst oder dich ängstlich fühlst, sorg für eine gute Abgrenzung. Lass keine äußeren Angstmacher in dein Hoheitsgebiet. Reduziere die täglichen Nachrichtensendungen. Oder verzichte ganz darauf. Ignoriere Hassdiskussionen im Internet und in deinem analogen Alltag. Füttere deinen Geist ganz bewusst mit aufbauenden, nützlichen Botschaften und Bildern.

Im Umgang mit den Medien empfehle ich dir, jeden Tag dein Bewusstsein dafür zu schärfen, womit du dein Denken fütterst. Du musst nicht alles schlucken und verdauen, was von außen an dich herangetragen wird. Du kannst für dich jederzeit eine gesunde geistige Ernährung wählen.

Das, was du dir auf deinem Smartphone, auf dem Computer oder auf deinem Fernsehbildschirm anschaust – ist es für dich relevant? Passt es zu dem, was du anstrebst, was dir wichtig ist? Hilft es dir, die Lebensqualität zu erreichen, die du dir wünschst?

Der schöne Schein der Social-Media-Welt füttert den inneren Kritiker

Für unseren inneren Kritiker sind die sozialen Medien im Internet eine gigantische Möglichkeit, uns mit anderen Menschen zu vergleichen. Dabei sorgt dieser Teil unserer Persönlichkeit dafür, dass wir bei diesen Vergleichen schlecht abschneiden (mehr über den inneren Kritiker findest du im Kapitel »Geliebte Quälgeister, was habt ihr mir zu sagen?«).

Es gibt massenhaft Bilder und Videos von schönen, schlanken Menschen, die ihren Life-Style vorführen. Von reichen Menschen, die ihre teuren Autos, Luxusvillen und Swimmingpools zur Schau stellen und damit der ganzen Welt zeigen: »Seht her, ich hab's geschafft!«

Wir wissen, dass das oftmals ein sorgfältig inszeniertes Blendwerk ist. Dennoch: Dieser schöne Schein ist beeindruckend. Und die kritische Stimme in unseren Gedanken vergleicht uns und unser Leben mit dieser polierten Show-Oberfläche. Und weil wir nicht so glänzen können, fühlen wir uns mies. Oder wir werden neidisch auf das scheinbar gute Leben der Leute, die wir nur von einem Bildschirm her kennen. Wie könntest du dich davon abgrenzen?

Dein Bewusstsein hilft dir aus der Vergleichsfalle heraus

Du grenzt dich ab, indem du bei dir bleibst. Das, was andere Menschen machen, was sie zur Schau stellen, wie sie gesehen werden wollen, gehört … diesen anderen Menschen. Es sind ihre Absichten, ihr Wunsch nach Einfluss und Anerkennung. Das alles gehört zu ihrem Hoheitsgebiet. Das Hoheitsgebiet anderer Menschen ist nicht deine Angelegenheit. Um es etwas drastischer zu sagen: Es geht dich nichts an.

Mach dir klar, dass du in Ordnung bist. Du bist beides: vollkommen und einzigartig. Und du kannst dich verändern, wenn du das möchtest.

Du bist nicht gezwungen das, was andere Menschen zeigen, zu beurteilen. Du musst es dir nicht anschauen und nicht darüber nachdenken. Vor allem, musst du dich nicht mit ihnen vergleichen.

Auch wenn die sozialen Medien mit ihren Algorithmen im Hintergrund immer wieder versuchen, dich anzulocken und deine Aufmerksamkeit zu fesseln – du bist und bleibst frei. Du entscheidest, was du anklickst. Und was du anschalten kannst, kannst du auch abschalten. Kommunikation ist nur ein Angebot und das, was die sozialen Medien produzieren, ist genau das: ein Angebot. Du kannst es ablehnen. Oder dir das herauspicken, was dir hilft, was für dich nützlich ist.

Im Umgang mit den Medien brauchen wir ein Relevanz-Sieb. Wir sieben damit das aus, was für uns wichtig oder nützlich ist. Das Banale, das Unbrauchbare oder das Schädliche lassen wir fallen.

Das Relevanz-Sieb: Wichtiges und Nützliches aus den Medien heraussieben – und der Rest fällt durch

Wenn wir das Wichtige aus den Augen verlieren, verlieren wir auch unsere Abgrenzung. Ohne Abgrenzung werden wir belagert von den Verlockungen, den Reizen und den Dramen, die uns die Außenwelt serviert. Ohne ein klares Nein springen wir wie die Flipperkugel hin und her, ohne wirklich voranzukommen. Unsere Konzentration wird geschreddert. Wir verschwenden unsere Energie, unser Geld und unsere Zeit.

Wir brauchen eine clevere Methode, mit der wir entscheiden, welche digitalen Werkzeuge wir wann und wie lange anwenden.

Was ist für dich relevant, also wichtig? Und was ist für dich unwichtig, nebensächlich? Du bestimmst, was du digital in dein Hoheitsgebiet reinlässt. Du wählst jeden Tag, was dich erreichen darf. Durch dein Ja und dein Nein legst du fest, zu welcher Zeit und in welchem Umfang du online bist. Wenn du merkst, dass du deine Zeit online verdaddelst, kann es für dich nützlich sein, eine Grenze zu ziehen.

Sieben Tipps, wie du dich vom Sog der Onlinewelt abgrenzen kannst

1. **Mach dir deine Gewohnheiten bewusst.**
   Achte einige Tage darauf, zu welchen Zeiten du gewohnheitsmäßig online gehst. Achte besonders darauf, wie du dich fühlst und was dir durch den Kopf geht, bevor du dein Smartphone oder deinen Computer anstellst.

   Was treibt dich an? Ist es Neugier? Die Angst, etwas zu verpassen? Die Sorge, zu langsam oder zu spät zu sein? Der Wunsch, etwas mitzuteilen oder die eigene Meinung zu sagen? Möchtest du wahrgenommen werden oder Likes bekommen? Was suchst du genau?

2. **Überprüfe die Relevanz.**
   Bevor du ein digitales Gerät einschaltest, frage dich selbst: Ist das, was ich jetzt tun will, wichtig und nützlich? Was möchte ich damit erreichen? Diese Fragen helfen dir, das Bedeutungslose fallenzulassen und das Wichtige nach vorn zu bringen.
3. **Erlaube dir, mehrmals am Tag offline zu sein.**
   Leg für dich selbst Zeiten am Tag fest, zu denen du deine digitalen Geräte ausgeschaltet lässt. Das können Zeiten sein, in denen du dich nur um dich selbst kümmerst oder für andere Menschen präsent bist. Zum Beispiel bei den gemeinsamen Mahlzeiten, morgens nach dem Aufwachen, in den Stunden abends vor dem Zubettgehen.
4. **Plane für dich Aktivitäten, die in der echten Welt stattfinden.**
   Wenn es für dich passt, auch gemeinsam mit anderen Menschen. Gestalte Offline-Aktionen, die dir Freude machen und bei denen du die Gegenwart mit allen Sinnen wahrnehmen kannst. Das kann eine sportliche Aktivität sein, das Essen in einem Restaurant, Fahrradtouren oder Wanderungen, Ausflüge ans Meer oder zum Badesee. Der Besuch von Kunstausstellungen oder Konzerten. Oder der tägliche Spaziergang durchs Quartier. Sorge dafür, dass es für diese Aktivitäten einen konkreten Termin in deinem Kalender gibt.
5. **Fass den digitalen Kleinkram in einem Block zusammen.**
   Du kannst verhindern, dass deine Aufmerksamkeit ständig hin und her springt und dadurch aufgerieben wird. Leg

einen Zeitraum am Tag für die Onlineaktivitäten fest, die sich wiederholen, zum Beispiel das Schreiben und Beantworten von E-Mails, die Suche nach bestimmten Informationen im Internet, der Einkauf bei Onlinehändlern, die Mitteilungen an deine Freunde.

6. **Mehr Konzentration: Reduziere oder beende Benachrichtigungen.**
   Sorge dafür, dass du nicht sofort eine Meldung bekommst, wenn du eine E-Mail erhalten hast, wenn jemand etwas gepostet oder dir geantwortet hat. Schalte die automatischen Benachrichtigungen ab. Mach dir klar, dass dir nichts entgeht. Das, was für dich relevant ist, rufst du zu der Tageszeit ab, die für dich passend ist.
7. **Reserviere dir täglich eine Zeit, um zur Ruhe zu kommen.**
   Bleib regelmäßig im Hier und Jetzt. Setz dich bequem hin, an einen Ort, an dem du für ein paar Minuten ungestört bist. Gönn deinen Augen eine Erholung von der Bildschirmarbeit. Sie können sich schließen. Hör den Geräuschen aus der Umgebung zu. Dem Straßenverkehr, dem Wind, den Vögeln. Dem Gluckern in deinem Bauch. Nimm die Gedanken wahr, die dir durch den Kopf gehen. Und lass alles so, wie es gerade ist. In diesen Moment musst du nichts tun, nichts verändern. Nur da sein. Atme bewusst tief ein und aus. Deine Schulter- und Nackenmuskeln können weicher werden. Die Muskulatur um deine Augen herum kann sich entspannen. Halte es aus, dass du in diesem Moment nichts zu tun hast. Solche kleinen Auszeiten helfen dir dabei, Energie zu tanken und deine Aufmerksamkeit zu bündeln.

Stimmig und passend für dich: Wie du dich mit deinem Nein und deinem Ja wohlfühlst

Oft brauchst du mehr als nur dein Nein. Dein Nein ist ein empfindliches Messinstrument, das dir zeigt, wo du in deinem Alltag zu viel hast: zu viel Unzufriedenheit, zu viel Störendes, zu viele Verpflichtungen, zu viele Termine, zu viel Ärger, zu viel Unordnung, zu viel Stress und zu viele Dramen. Auf der Rückseite von deinem Nein findest du dein Ja. Da gibt es etwas, das für dich besser wäre. Etwas, das du dir wünschst. Davon möchtest du mehr erleben, mehr haben.

Nur zu wissen, was du nicht willst, reicht oft nicht. Nicht wollen, etwas ablehnen, Nein sagen – das kann auf Dauer sehr einseitig sein. Das wäre ungefähr so, als würdest du eine Bahnfahrkarte kaufen wollen. Und wenn du gefragt wirst, wohin die Reise gehen soll, sagst du: »Nach Helsinki nicht.« Es ist gut zu wissen, wo du nicht hin willst. Aber das reicht nicht. Du kennst dein Nein. Aber ohne ein Ja bleibst du auf der Stelle.

Ich möchte dir hier eine praktische Methode vorstellen, mit der du vorankommst. Diese Methode hilft dir, dein Nein und dein Ja gleichermaßen ernst zu nehmen.

So bekommen dein Nein und dein Ja einen Ehrenplatz

Ich liebe es, großartige Einsichten und Erkenntnisse im Alltag ganz praktisch umzusetzen. Die innere Einstellung, dass wir uns unser Nein erlauben, ist der erste Schritt. Aber um diese Einstellung wirksam werden zu lassen, brauchen wir auch eine praktische Strategie, damit unser Nein im Alltag nicht untergeht oder weggewischt wird.

Es hat ein paar Jahre gedauert, bis ich für mich selbst eine Methode gefunden habe, die in allen Lebenslagen funktioniert. Der Kern dieser Methode ist eine Nein-Ja-Liste. Immer wenn ich verärgert, genervt oder irritiert war, fing ich an, ein Nein zu formulieren. Ich schrieb auf, was ich nicht mehr wollte. Oder wovon ich weniger wollte. Danach schrieb ich auch noch auf, was ich mir stattdessen wünschte. Also das, was ich anstrebte. Mein Ja. Wichtig war für mich außerdem, einen Weg zu finden, wie ich meine Wünsche tatsächlich umsetzen konnte.

Ich fing an, diese Nein-Ja-Liste auch in meinen Trainingsseminaren und im Coaching anzubieten. Das Feedback war durchweg sehr positiv. Deshalb möchte ich dich dazu einladen, diese Nein-Ja-Liste auszuprobieren.

Indem du dein Nein aufschreibst, würdigst du die Grenze, die du gesetzt hast. Und du gibst deinem Ja eine Chance, sich zu verwirklichen.

Ich zeige dir diese Liste gleich in einer Tabellenform. Diese spezielle Form hilft dir, das Ganze systematisch anzupacken. Aber zuerst möchte ich dir den Sinn und Zweck dieser Nein-Ja-Liste etwas genauer erklären. Diese Nein-Ja-Liste hat einen dreifachen Nutzen für dich:

1. Du machst dir klar, wozu du Nein sagst. Du wertschätzt dein Nein und nimmst es ernst. Du schreibst es auf, damit deine Gedanken nicht ständig um das kreisen, was du nicht willst. Du gibst deinem Nein einen Platz. Schon durch das bloße Aufschreiben motivierst du dich selbst, zu deinem Nein zu stehen. Deine Bereitschaft zu handeln, steigt.
2. Nachdem du dein Nein aufgeschrieben hast, gibst du deinem Denken einen Schubs in die Gegenrichtung. Die Gegenrichtung ist dein Ja. Das, was für dich besser wäre. Das, was dir guttut. Du erlaubst dir selbst, dein inneres Navi auf dieses »Bessere« einzustellen. Jetzt weißt du, wohin die Reise geht.
3. Du entwickelst Ideen und einzelne Schritte, wie du von deinem Nein zu deinem Ja kommst. Wie du von dem wegkommst, was du nicht willst. Und wie du das erreichst, was du stattdessen möchtest. Schreib alles auf, was dir in den Sinn kommt. Spiel mit deinen Ideen.
4. Wenn dir nichts einfällt – das ist okay. Warte ein wenig, bis du entspannt bist. Meist kommen dann Einfälle. Und wenn du ein paar Ideen hast, gibt dir die Erlaubnis, einiges davon auszuprobieren. Ausprobieren heißt: Du experimentierst. Dabei bist du neugierig und offen – ohne dass du dir ein Muss auflädst: Du musst nicht gleich alles perfekt schaffen. Du erlaubst dir Versuch und Irrtum. Statt zu kämpfen gibst du dir einen Spielraum. Fang mit der Idee an, die dir am plausibelsten erscheint.

Wenn du mit deiner Nein-Ja-Liste beginnst, dann mach es in deinem Tempo. Vielleicht merkst du, dass sich bei dir einige Neins häufen. Dass dich immer wieder eine bestimmte Sache stört oder dass du in einem Lebensbereich besonders viele Neins sammelst. Möglicherweise sind das Signale, dass du hier eine grundlegende Abgrenzung brauchst.

Ich empfehle dir die Nein-Ja-Liste besonders, wenn …

- … du dich überfordert oder erschöpft fühlst.
- … du früher, vielleicht schon in deiner Kindheit, keine Grenzen setzen konntest.
- … du vor Kurzem eine Krise oder ein Trauma erlebt hast.
- … du den Eindruck hast, dass du sehr empfindsam, sehr sensibel bist.
- … du durchhängst, dich niedergeschlagen oder deprimiert fühlst.
- … wenn du dir zu viele Sorgen machst.

Hier kommt die Nein-Ja-Liste, und damit du dir besser vorstellen kannst, was dort stehen könnte, habe ich zwei Beispiele reingeschrieben.

Arbeitsblatt: Was du willst, das zählt. Die Nein-Ja-Liste

Nein, das will ich nicht.	**← wie ich davon wegkomme und wie ich dahin komme →** **Ideen und Schritte (mit der Lizenz zum Ausprobieren)**	**Ja, das will ich, das wünsche ich mir.**
Projektarbeit überflutet meine Freizeit.	mit allen im Team Freizeitschutz verabreden keine Arbeit mit nach Hause nehmen zu Hause keine beruflichen E-Mails lesen zu Hause alle beruflichen Anrufe blockieren – Mailbox anderen Job suchen	planbare, ungestörte Freizeit mehr mit der Familie unternehmen alte Freunde treffen regelmäßig am Wochenende Sport treiben (Fußballtraining)
Georg riecht nach Schweiß, wenn's draußen heiß ist.	Georg drauf ansprechen ihm Rasierwasser und Deo schenken Nasenstöpsel mit Frischegeruch für mich besorgen Aromadiffuser und Ventilator aufstellen fragen, ob er seinen Arbeitsplatz mit Bettina tauscht	geruchfreies Arbeiten im Büroraum

Auf neue Gedanken kommen: Die besten Tipps für deine Nein-Ja-Liste

Gib dir selbst viel Platz zum Schreiben

Du wirst auf neue Ideen kommen und damit das Neue nicht gleich wieder in Vergessenheit gerät, schreib es auf. Wenn du ein Nein gefunden hast, melden sich vielleicht noch weitere Neins bei dir, die im Keller deiner Seele eingesperrt waren. Und auch dein Ja kann sich ausdehnen, wachsen und sich vermehren.

Diese Liste ist keine einmalige Sache

Und sie ist auch kein Leitfaden für die Ewigkeit. Sie ist ein fortlaufender Prozess, der sich entwickelt. Du kannst jederzeit einen Punkt auf der Liste streichen. Oder neue Punkte hinzufügen.

Spuck dein Nein aus

Wenn es in deinem Leben schwierig wird, wenn du unter Druck stehst, dann beschäftige dich zuerst mit dem, wovon du weg willst, also mit deinem Nein. Schreib dir alles von der Seele. Alles. Erst danach richtest du deine Aufmerksamkeit auf dein Ja, also hin zu dem, was du dir wünschst. Was würde dir guttun?

Bitte bau an dieser Stelle keine »Geht nicht«-Blockade auf. Vielleicht siehst du nicht auf Anhieb, wie du das erreichen kannst, was du willst. Aber allein das Aufschreiben ist bereits eine Form der Materialisierung. Das, was eben noch ein gefühlter, gedachter Wunsch war, wurde von dir festgehalten und hat einen Platz bekommen. Du hast Worte dafür gefunden, die du notiert hast. Damit hast du einen Grundstein gelegt. Durch das Aufschreiben erinnerst du dich selbst daran, was dir wichtig ist. Es steht in der Liste. Du kannst es nicht mehr so schnell vergessen.

Aber du kannst das Ganze auch umdrehen und mit deinem Ja anfangen. Du schreibst zuerst auf, wo du hinwillst, was du dir wünschst. Und dann überlegst du, wozu du Nein sagst, wovon du dich abgrenzen willst, um das zu erreichen, was du dir wünschst.

Warte mit dem Ideensammeln, bis du zur Ruhe kommst

Bist du im Stress? Dann fällt dir wahrscheinlich nichts ein oder dir kommen nur bösartige Ideen in den Sinn. Gute Einfälle, neue Lösungen entstehen erst, wenn du ein wenig über den Dingen stehst. Wenn du aus dem Hurrikan raus bist. Falls dir für die mittlere Spalte deiner Nein-Ja-Liste nichts einfällt – warte. Gib dir Zeit und beruhig dich.

Bleib locker und gelassen

Setz dich mit der Nein-Ja-liste nicht unter Druck, mach keine Zwangsveranstaltung daraus. Du kannst aufschreiben, wozu du Nein sagst ... und fertig. Du musst nicht dein Ja finden. Du musst keine Ideen entwickeln. Du musst nichts.

Zu wissen, was du nicht willst, ist der erste Schritt. Und manchmal ist es sinnvoll, genau da – beim ersten Schritt – stehenzubleiben. Keine Eile. Geh mit dir selbst zwanglos-freundlich um.

Die persönliche Beschwerdezentrale: Was nervt, kommt aufs Papier

Die Nein-Ja-Liste kannst du so schreiben, wie es für dich am besten passt. Meine eigene Nein-Ja-Liste steht analog auf dem Papier, in meinem Journal. Diese Liste verändert sich ständig und so sieht sie auch aus. Vieles wurde durchgestrichen, manches abgehakt. Oft habe ich zusätzlich etwas ganz klein dazugeschrieben, einige Passagen sind mit einem Leuchtmarker dick eingerahmt. Ich nehme diese Liste mit, wenn ich zum Beispiel Vorträge halte oder Trainingsseminare durchführe. Alles, was mich während der Reise, vor allem während meiner Arbeit nervt, landet auf meiner Nein-Ja-Liste. Sie ist meine persönliche Beschwerdezentrale, die immer ein offenes Ohr für mich hat. Sie nimmt alles auf, was ich loswerden will.

Gleichzeitig putze ich damit meine Seelenlandschaft. Das, was mich nervt, kommt aus meinem Kopf raus – aufs Papier. Da steht dann schwarz auf weiß, was ich nicht will. Mein Kopftheater kann sich beruhigen und ich schlafe nachts besser.

Dem eigenen Denken eine neue Richtung geben

Die Nein-Ja-Liste ist auch eine Einladung, das eigene Denken umzudrehen. In der Ja-Rubrik wird danach gefragt, was besser wäre. Dadurch wird verhindert, dass sich die Gedanken am Nein, am Störenden oder Unerwünschten festbeißen.

Bei der Ja-Rubrik stelle ich mir vor, womit ich mich wohlfühlen würde. Das schreibe ich auf. Bei meinem Ja gibt es oft mehrere Entwürfe oder Wunschvorstellungen. Für mich ist es vollkommen okay, wenn einiges davon viel Zeit braucht, bis ich es verwirklicht habe. Das macht nichts. Wichtig ist, dass ich weiß, in welche Richtung es für mich geht: Das ist die Lebensqualität, auf die ich mich Schritt für Schritt zubewege.

Schaff Platz in deinem Leben. Mehr Zeit für dein Ja. Dazu gehören auch die Menschen, die du liebst.

Im Mittelteil der Liste, bei den Ideen und Schritten, notiere ich alles, was mir in den Sinn kommt. Je mehr Ideen, desto besser. Meistens formt sich mit der Zeit ein klares Gefühl: *Das macht Sinn. Das probiere ich jetzt aus.* Und auch hier gilt: Kein Perfektionismus. Ich erlaube mir, zu lernen, neue Erfahrungen zu machen, hinzufallen und wieder aufzustehen.

Es gibt noch einen wichtigen Grund für diese Nein-Ja-Liste: Du nimmst deinem inneren Kritiker die Munition weg, mit der er dich seelisch verletzen könnte. Dieser Teil deiner Persönlichkeit verwaltet deinen Ärger, dein Genervt-Sein. Doch du entziehst dem inneren Kritiker seine Macht, wenn du dein Nein und dein Ja unter deine Obhut stellst. Diese nörgelnde Stimme in deinem Kopf muss dich nicht mehr daran erinnern, was dich stört, was falsch läuft, was dich nervt. Es steht in deiner Nein-Ja-Liste – du hast es notiert. Der innere Kritiker kann sich entspannen. Das Gedankenkarussell in deinem Kopf kommt zur Ruhe.

Die wirklich wertvollen Erfahrungen im Leben erfordern Geduld.

Im nächsten Kapitel erfährst du mehr über den inneren Kritiker und seine Kumpel. Und wie du dich von ihren quälenden, negativen Gedanken abgrenzen kannst.

2
Raus aus der Gedankenhölle: Wie du dich vom negativen Denken abgrenzen kannst

In einer seiner Lehrreden spricht der Buddha von zwei Pfeilen. Der erste Pfeil ist eine unangenehme Erfahrung. Das kann zum Beispiel ein körperlicher Schmerz sein, ein finanzieller Verlust, ein Streit in der Beziehung, eine Krankheit oder der Tod eines lieben Menschen. Buddha sagt, dass dieser erste Pfeil, die unangenehme Erfahrung, jeden von uns trifft, früher oder später.

Aber es gibt noch einen zweiten Pfeil. Und mit diesem zweiten Pfeil verletzen wir uns selbst. Er macht alles noch schlimmer. Den zweiten Pfeil schießen wir auf uns selbst ab und er entsteht in unseren Gedanken. Es sind negative Gedanken, mit denen wir uns verurteilen oder andere Menschen angreifen. Gedanken, mit denen wir uns unter Druck setzen oder anderen etwas aufzwingen wollen. Es ist das Sorgen-Karussell, dass sich im Kopf dreht und uns den Schlaf raubt. Diesen zweiten Pfeil, mit dem wir uns selbst zusätzlich verletzen, können wir vermeiden.

Darum geht es in diesem Abschnitt des Buches, um die wichtigste Grenze überhaupt: um die Abgrenzung vom selbstgemachten Unglücklichsein.

Das, was in unserem Denken und Fühlen geschieht, kommt uns manchmal nebulös vor. Um diese Vorgänge verständlicher und handhabbarer zu machen, benutze ich das Teilemodell der Persönlichkeit. Es geht davon aus, dass unsere Persönlichkeit nicht aus einem einzigen festen Block besteht, sondern aus verschiedenen Unterpersönlichkeiten. Das Teilemodell der Persönlichkeit gibt es in verschiedenen Varianten. Dazu gehören die Methode Voice Dialogue von Hal und Sidra Stone, das System der Inneren Familie (IFS) von Richard C. Schwartz und anderen, die Therapie Innerer Systeme (IIST) von Tom Holmes, die Ego-State-Methode von Robin Shapiro und das Innere Team von Friedemann Schulz von Thun. (Wenn du mehr wissen möchtest, findest du am Ende dieses Buches im Literaturverzeichnis viele wertvolle Bücher zu diesem Thema.)

Alles, was wir erleben, wird von unserem Denken interpretiert. Wie wir uns fühlen, hängt davon ab, was wir über das Erlebte denken.

Ich zeige dir hier die drei Teile unserer Persönlichkeit, die uns am meisten quälen: den inneren Kritiker, den inneren Antreiber und den inneren Sorgenmacher. Ich nenne sie: die drei Quälgeister. Sie sind das negative Denken. Und in unseren Köpfen haben sie normalerweise viel »Sendezeit«.

Nachdem uns ein erster Pfeil von außen getroffen hat, also irgendetwas Unangenehmes passiert ist, plärren unsere inneren Quälgeister los und beherrschen unsere Gedanken. Sie sind der zweite Pfeil, mit dem wir uns selbst verletzen und unglücklich machen.

Die drei Quälgeister sind nicht dein Ich. Sie sind die negativen Botschaften, die dir von außen auferlegt wurden und die du verinnerlicht hast.

Dein inneres Selbstgespräch bestimmt, wie du dich fühlst

Willst du wissen, ob diese drei Quälgeister auch in deiner Persönlichkeit wohnen? Achte darauf, was du denkst, wenn etwas schiefgeht.

Stell dir vor, du trägst gerade deine nagelneue Hose. Du setzt dich auf einen Kaffee hin und plötzlich tropft etwas davon direkt auf dein Hosenbein. Was geht dir als Erstes durch den Kopf?

Sehr häufig meldet sich sofort der innere Kritiker zu Wort. Und der zeigt sich von seiner schimpfenden, fluchenden Seite. »Oh nein! Verdammter Mist! Verfluchte Hühnerkacke. Das darf nicht wahr sein! Das ist echt zu blöd!« Jeder innere Kritiker hat seine eigenen Fluch- und Schimpftiraden. Was sagt dein innerer Kritiker, wenn irgendetwas schiefgegangen ist?

Meistens wird auch der innere Antreiber aktiv. Er schickt dir Muss-, Soll- und Darf-nicht-Gedanken, wie zum Beispiel: »Ich muss besser aufpassen!« Oder: »Ich sollte ruhiger werden und nicht so hektisch sein!« Manchmal gibt er nur kurze Befehle von sich: »Pass besser auf! Reiß dich zusammen!«

Der Sorgenmacher fügt hinzu, dass du keinen guten Eindruck machst, wenn du mit Kaffeeflecken auf deiner Hose herumläufst: »Wenn ich so rausgehe ... Die Leute denken, ich bin dreckig. Verwahrlost.« Er zeigt dir auch, was passieren könnte, wenn du weiterhin unachtsam oder hektisch bist. Wie du beispielsweise all deine guten Klamotten ruinierst.

Welche Gedanken sind es bei dir? Und wie fühlst du dich, nachdem sie dir durch den Kopf gegangen sind? Verärgert?

Aufgebracht? Stinksauer? Ja, dieses Kopf-Geplapper erzeugt Stress.

Ich möchte an dieser Stelle ganz genau sein. Die Kaffeeflecken auf der Hose können dich nicht direkt stressen. Sie können keine Gefühle auslösen. Das kann nur dein Denken. Dein Denken kommentiert das, was passiert ist, und sagt dir, was diese Kaffeeflecken für dich bedeuten. Und diese Gedanken lösen deine Gefühle aus.

Wenn du deine Quälgeister nicht als solche erkennst, hältst du ihr negatives Geplapper für realistisch.

Unser Körper badet aus, was wir denken

Generell gilt: Negative, verurteilende, schimpfende Gedanken lösen leidvolle, belastende Gefühle aus, wie Anspannung, Ärger, Angst oder Niedergeschlagenheit.

Wenn du dich mies fühlst, schlechte Laune hast, ängstlich oder verärgert bist, woher kommt das? Es sind die drei Quälgeister, die das beurteilen, was gerade geschieht. Oder was geschehen ist. Diese drei sorgen dafür, dass du zusätzlich zu den Kaffeeflecken auf deiner Hose auch noch verärgert bist. Und du weißt natürlich, dass dein Ärger überflüssig ist, weil sich dadurch nichts an den Kaffeeflecken ändert.

Deine Gefühle werden in deinem Körper erlebt. Daher ist deine körperliche Gesundheit eng verflochten mit deiner emotionalen Gesundheit.

Aber eine Sache ändert sich bei deinem Ärger garantiert. Dein Körper badet den Stress aus, der durch die Quälgeister entstanden ist. Die belastenden Gefühle, die bei dir entstehen, verändern deinen Körper. Beispielsweise nimmt die Muskelspannung zu und der Blutdruck steigt. Du fühlst dich körperlich nicht wohl. Ja, auf Dauer kann dich dieses negative Denken krank machen.

Die drei Quälgeister im Kopf:
Kritiker, Antreiber, Sorgenmacher

Ich zeige dir hier, wie du dich vom Geplapper des Kritikers, des Antreibers und des Sorgenmachers bewusst abgrenzen kannst. Am Anfang ist vor allem eins wichtig: dass du merkst, wer da gerade in deinem Kopf das Wort ergreift. Denn es ist gut möglich, dass der innere Kritiker, der Antreiber und der Sorgenmacher bisher deine Gedanken beherrscht haben, ohne dass du sie bewusst registriert hast. Wahrscheinlich bis du davon ausgegangen, dieses negative Selbstgespräch wäre dein Ich. Aber das war nicht dein wahres Ich. Es waren die Quälgeister.

Immer wenn du in Gedanken dich selbst oder andere schlechtmachst, verurteilst oder beschimpfst, wirst du gerade vom inneren Kritiker beherrscht.

In unseren Gedanken wechseln sich der innere Kritiker, der Antreiber und der Sorgenmacher gern ab. Sie arbeiten zusammen, weil sie sich gegenseitig ergänzen. Ein Beispiel: Wenn dein Kritiker dich verurteilt, weil du ein paar Kilo zugenommen hast, kommt der Sorgenmacher und zeigt dir, was aus dir wird, wenn das so weitergeht. Der Sorgenmacher ist ein Visionär. Er schickt dir eine Vision, in der du immer dicker wirst und dir bald neue Kleidung kaufen musst, eine Nummer größer.

Solche Sorgenvisionen machen dir Angst und das lockt den Antreiber hervor. Der Antreiber macht jetzt Druck und sagt dir, was du tun solltest, um abzunehmen. Du kennst die übliche Antreiber-Sollerei: »Ich sollte weniger Süßkram essen. Ich sollte mehr Sport treiben. Ich sollte abends nicht mehr naschen. Ich müsste viel mehr darauf achten, wie viele Kalorien ich in mich reinstopfe. Ich sollte keine Kohlenhydrate mehr essen.«

Was passiert, wenn die Soll-Vorschriften des Antreibers nicht befolgt werden und das Abnehmen nicht so richtig klappt? Jetzt hat der Kritiker wieder seinen Auftritt. Er attackiert dich, weil du seiner Meinung nach zu faul oder zu undiszipliniert bist. Und der Sorgenmacher entwirft für dich wieder eine düstere Zukunftsvision: »Wenn ich so weitermache, kann ich am Strand nie wieder in Badeklamotten rumlaufen.« Natürlich wird der Antreiber weiterhin versuchen, dich unter Druck zu setzen. Dieses Mal vielleicht, indem er die Messlatte ganz hoch ansetzt und dir ein eisernes Sportprogramm aufdrückt.

Die Quälgeister drehen immer wieder die gleichen Gedankenschleifen, ohne dabei das Problem zu lösen. Wenn dir das bewusst wird, kannst du aus diesem Karussell aussteigen.

Das Unglücklichsein entsteht im Kopf – und dort endet es auch

Jedes Mal, wenn sich die drei Quälgeister die Bälle zuwerfen – egal, um welches Thema es geht –, wirst du unglücklich. Mal mehr, mal weniger. Das reicht von schlechter Laune über Niedergeschlagenheit und Angst bis hin zum Selbsthass. Wenn die Quälgeister aufdrehen und immer stärker werden, können sie einen enormen seelischen Schaden anrichten. Unter ihrem Dauerfeuer entstehen Angststörungen, Panikattacken und depressive Verstimmungen bis hin zum Suizid.

Falls du hin und wieder auch in einem unheilvollen Kreislauf der aktiven Quälgeister steckst – keine Sorge. Du kannst das Ganze an jeder Stelle unterbrechen. Und so fängt dieses Unterbrechen an: Dir fällt auf, was die drei Quälgeister dir zuflüstern. Du merkst, was in deinem Kopf passiert. Und wahrscheinlich bist du dann auch schon beim nächsten Schritt: Du entscheidest ganz bewusst, dass du dieses schmerzhafte Denken nicht willst. Ja, diese Entscheidung ist wirksam. Mit ihr nimmst du das Ruder in die Hand und steuerst dein Denken in eine andere Richtung. Etwas später zeige ich dir Strategien, mit denen du das hinbekommst. Vielleicht willst du sofort wissen, wie du diesem Trio Infernale in deinem Kopf eine Grenze setzen kannst. Ich bitte dich um ein wenig Geduld. Die Abgrenzung gelingt dir nur, wenn dir die Machenschaften, der drei Quälgeister vollständig bewusst sind.

Um es an dieser Stelle ganz deutlich zu sagen: Was ich hier schreibe, hilft dir bei der Selbsthilfe. Du kannst dich damit selbst behandeln. Falls dich deine Quälgeister gerade extrem drangsalieren und dabei sehr viel Sendezeit beanspruchen, hol dir Hilfe von außen. Du musst das nicht allein bewältigen. Wende dich an eine psychotherapeutische Fachkraft.

Das wichtigste Werkzeug ist immer bei dir: dein Bewusstsein

Damit du bewusst merkst, was sich in deinem Kopf abspielt, stelle ich dir jeden der drei Quälgeister einzeln vor. Ich habe für den inneren Kritiker, den Antreiber und den Sorgenmacher jeweils einen Steckbrief geschrieben. Darin findest du ihre Talente und ihr Leistungsspektrum. Das hilft dir, sie auf frischer Tat zu ertappen.

Es ist gut möglich, dass auf dich nicht alles zutrifft, was du in diesen Steckbriefen findest. Jeder Kritiker, jeder Antreiber, jeder Sorgenmacher hat seine eigenen Spezialitäten, seine eigene Ausdrucksweise. Während du die Steckbriefe liest, bekommst du jedoch ein Gefühl dafür, was die drei in deinem Kopf veranstalten. Und du erkennst sie in deinen Gedanken wieder.

Dein Bewusstsein kann alles wahrnehmen, ohne dabei zu bewerten, ohne zu verurteilen und ohne zu kontrollieren.

Geliebte Quälgeister, was habt ihr mir zu sagen?

Bevor die drei Steckbriefe kommen, möchte ich dir eine wichtige Botschaft mitgeben: Diese drei Quälgeister sind keine »bösen« Teile deiner Persönlichkeit. Es klingt vielleicht paradox, aber im Prinzip meinen sie es gut mit dir. Obwohl sie einen enormen Schaden anrichten können, versuchen sie dich besser zu machen. Allerdings tun sie das auf die einzige Weise, die sie gelernt haben: mit Herabsetzungen, mit Druck, mit besorgten Grübeleien. Warum das so ist, zeige ich dir nach den drei Steckbriefen.

Und noch eine gute Nachricht: Sie sind nicht immer auf Sendung. Das heißt, du hast am Tag auch Zeiträume, in denen keiner der drei Quälgeister in deinen Gedanken das Wort ergreift. In solchen Momenten kannst du deutlich merken, dass du mit dem Leben sehr gut klarkommst. Anders ausgedrückt: Du brauchst die Quälgeister nicht, um deinen Alltag zu bewältigen. Du brauchst das negative Denken genauso wenig, wie du einen Fußpilz oder Kopfschmerzen brauchst.

Jetzt atme tief ein und aus. Im Folgenden werden die Machenschaften der drei Quälgeister beleuchtet.

Steckbrief: Der innere Kritiker

Der innere Kritiker – immer was zu meckern

Woran du den inneren Kritiker erkennst

- Der innere Kritiker ist eine Stimme in deinen Gedanken.
- Er nörgelt an dir herum, setzt dich herab und verurteilt dein Verhalten, deine Gefühle, deine Entscheidungen, manchmal sogar deinen gesamten Lebensstil.
- Er vergleicht dich mit anderen Menschen und lässt dich dabei schlechter abschneiden. Das ist besonders brutal, wenn er dich mit den auf Hochglanz polierten Ikonen aus dem Internet oder aus dem Fernsehen vergleicht.
- Er zweifelt an deinem Können und an deinen Fähigkeiten, mit anderen Menschen und dem Leben klarzukommen.
- Der innere Kritiker sammelt jeden deiner Fehler, jede Peinlichkeit, jede Blamage. Alles Positive, jedes Plus ist für ihn uninteressant und nicht der Rede wert.

- All deine Fehler und Versäumnisse werden vom inneren Kritiker sorgfältig archiviert und eingelagert. Er hat ein Langzeitgedächtnis für alles, was bei dir jemals schiefgegangen ist.
- Wenn du etwas Neues beginnen willst, kann der Kritiker sein Fehlerarchiv über dich ausschütten. Damit will er dir beweisen, dass du früher etwas nicht geschafft hast und es deshalb auch in Zukunft nicht schaffen wirst. Damit sabotiert er deine Motivation, dein Engagement. Er sorgt dafür, dass du steckenbleibst und nicht vorankommst.
- Durch die Attacken des inneren Kritikers sinkt dein Selbstvertrauen. Du hast das Gefühl, mit dir stimmt etwas nicht. Du glaubst, du seist ungenügend oder fehlerhaft.
- Starke und andauernde Kritikerattacken können Selbsthass, Depressionen und Angststörungen auslösen.

Wenn sich der innere Kritiker nach außen wendet

Je mehr Autorität dein innerer Kritiker hat und gegen dich einsetzt, desto weniger Autorität hast du nach außen.

- Der innere Kritiker kann alles in deiner Welt durch eine negative Brille sehen und sich darüber aufregen. Sein Mantra lautet: Es ist alles schlecht so, wie es ist, und es wird immer schlimmer.
- Dieser kritische Teil in deinem Denken setzt andere Menschen herab und verurteilt sie. Manchmal sucht er aktiv nach Fehlern bei anderen. Damit sabotiert er vor allem deine engen und intimen Beziehungen.
- Der innere Kritiker manipuliert die Art und Weise, wie du deine Welt wahrnimmst. Er sammelt alles Schlechte und Fehlerhafte. Daraus macht er eine Negativgalerie, mit der er dir beweisen will, wie korrupt und verdorben andere Leute sind und wie kaputt die Gesellschaft insgesamt ist.

- Er betätigt sich gern als Hellseher, indem er vorgibt, er wüsste, was deine Mitmenschen in Wirklichkeit denken. Er glaubt, die anderen würden dich nicht respektieren oder dich nicht mögen.
- Er sorgt dafür, dass du das Verhalten anderer persönlich nimmst und dich davon betroffen fühlst.
- Der innere Kritiker kann in Rage geraten, wenn ihm etwas nicht passt. Die Gefühle, die du dabei empfindest, reichen von schlechter Laune über Ärger bis hin zum Hass. Ein hasserfüllter innerer Kritiker kann gewalttätig werden.
- Der innere Kritiker will recht haben. Und weil er das Negative sammelt, meint er damit immer beweisen zu können, dass er recht hat.

Lerne deinen inneren Kritiker besser kennen

Wenn du deinen eigenen inneren Kritiker suchst, kannst du manchmal feststellen, dass er nicht da ist. Du achtest neugierig auf deine Gedanken und da ist … kein Kritiker-Geplapper.

Der innere Kritiker ist nur eine Stimme in deinen Gedanken. Mehr nicht. Der innere Kritiker hat keine Macht über dich, wenn du nicht an das glaubst, was er sagt.

Nein, er ist nicht ausgewandert oder in Rente gegangen. Er ist gerade nicht im Dienst. Aber er kommt wieder zum Vorschein. Meistens genau dann, wenn du ihn nicht erwartest. Deine bewusste Aufmerksamkeit für die Quälgeister im Kopf kann sie – in Friedenszeiten, wenn bei dir nichts los ist – tatsächlich verscheuchen. Für eine Weile. Aber wenn dein Leben turbulenter wird, dann sind sie zur Stelle und legen wieder los. Falls dein Kritiker gerade Sendepause hat, während du mehr über ihn lernen willst, mach dir nichts draus. Lies die folgenden Fragen und behalte sie im Hinterkopf. Achte in den nächsten Tagen darauf, was dir durch den Kopf geht. Und wenn sich dein Kritiker meldet, sag Hallo zu ihm und schau mal, inwieweit du die Fragen beantworten kannst.

- Ist dir der innere Kritiker in deinen Gedanken schon aufgefallen?
- Was sagt der innere Kritiker, wenn du etwas vermasselt, einen Fehler gemacht oder dich blamiert hast?
- Was sagt dein innerer Kritiker zu deinem Aussehen? Zu deiner beruflichen Entwicklung? Zu deinen Freizeitaktivitäten?
- Hat dein innerer Kritiker Dauerschleifen, die er immer wieder dreht? So etwas wie seine »Greatest Hits«?
- Zu welcher Uhrzeit meldet er sich am häufigsten? Morgens beim ersten Blick in den Spiegel? Tagsüber im Job? Abends, wenn du müde und erschöpft bist? Oder kurz vor dem Einschlafen?
- Was sagt dein innerer Kritiker, wenn du zu einem geliebten Menschen Nein sagen willst?

Es ist wichtig, dass du dir klarmachst, dass dieser innere Kritiker nicht dein wahres Ich ist. Es ist nur eine Stimme in deinen Gedanken. Und von dieser kritischen Stimme musst du dich nicht tyrannisieren lassen. Du kannst dich von ihr abgrenzen.

Steckbrief: Der innere Antreiber

Der innere Antreiber mit seiner langen To-do-Liste und einer hohen Messlatte

Woran du den inneren Antreiber erkennst

- Der Antreiber tut vor allem das, was sein Name sagt: Er treibt dich an. Wenn er aufdreht, ist das so, als würde er die Peitsche schwingen.
- Der Antreiber führt eine lange To-do-Liste, mit der er dir jederzeit zeigen kann, was du noch nicht erledigt hast. Und wenn du einen Punkt abgehakt hast, setzt er drei neue Aufgaben hinzu. Die To-do-Liste des Antreibers hat nie ein Ende.
- Manche Antreiber sind Perfektionisten. Ein perfektionistischer Antreiber setzt sehr hohe Maßstäbe und verlangt von dir makellose Ergebnisse.
- Er macht dir Vorschriften. Ich nenne das: die Sollerei. Er

sagt dir, was du tun sollst, wie du sein musst und was du nicht tun darfst.

- Der Antreiber bittet dich nicht. Er macht Druck. Er zwingt dir seine Vorschriften auf.

Der Antreiber erinnert dich auch in ruhigen Momenten gern daran, was du noch alles zu tun hast.

- Manche Antreiber neigen dazu, kurze Kommandos rauszuhauen, wie: »Ich muss mich anstrengen!« »Beeilung!« »Schneller!« »Mach keine Fehler!« »Bloß nicht heulen!«
- Die Vorschriften des Antreibers richten sich nach dem Milieu, in dem du lebst. Wenn du beispielsweise ein eher psychologisches Milieu gewohnt bist, dann sollst du wahrscheinlich empathisch und authentisch sein. Du sollst wertschätzend kommunizieren und Dankbarkeit zeigen. Wenn du in einem performance-orientierten Businessmilieu lebst, dann verlangt dein Antreiber von dir, dass du produktiv sein sollst. Du solltest zielführend deine Aufgaben erledigen und dazu musst du noch ein effizientes Zeitmanagement betreiben. Du solltest teamfähig sein und zugleich Leadership-Fähigkeiten haben.
- Allgemeiner gesagt: Der Antreiber kann aus jedem Wert und aus jeder Norm für dich eine Vorschrift machen, mit der er dich unter Druck setzt.
- Wenn du die Soll-Vorschriften des inneren Antreibers nicht erfüllst, springt der Kritiker auf und verurteilt dich deswegen.
- Ein starker, aufgedrehter Antreiber kann dich permanent überfordern und erschöpfen. Er lässt dich ausbrennen.
- Nur um eins klarzustellen: Der Antreiber erledigt nicht das, was er von dir verlangt. Du sollst das tun. Keiner der drei Quälgeister erledigt irgendetwas in deinem echten Leben. Sie bestehen nur aus Gedanken.

Wenn sich der innere Antreiber nach außen wendet

- Der Antreiber macht deinen Mitmenschen Vorschriften darüber, wie sie sein sollten. Wie sie sich verhalten müssen und was sie nicht dürfen. Er wünscht sich das nicht einfach. Er fordert es.
- Dein innerer Antreiber kann die Institutionen in deiner Außenwelt mit seinen Soll-und-Muss-Ansprüchen regelrecht überziehen. Er weiß beispielsweise, wie das Gesundheitswesen sein sollte, was die Politik machen müsste, was die Wirtschaft und dein Arbeitgeber tun sollten.

Der Antreiber kann dich nicht mehr unter Druck setzen, wenn du ihm seine Muss-und-Soll-Vorschriften nicht mehr abkaufst.

- Und wenn deine Leute oder der Rest der Welt gegen die Ansprüche deines inneren Antreibers verstoßen, kommt dein innerer Kritiker und regt sich darüber auf, schimpft und verurteilt.

Lerne deinen Antreiber besser kennen

Auch der Antreiber kann sich verstecken, wenn du aktiv nach ihm suchst. Achte einfach in den nächsten Tagen auf das, was du zu dir selbst sagst. Mach dir bewusst, welche Gedanken dir durch den Kopf gehen, wenn du hektisch wirst oder unter Druck stehst.

- Was steht schon lange auf der To-do-Liste deines Antreibers?
- Was musst du – nach Meinung deines Antreibers – anpacken, erledigen oder endlich auf die Reihe kriegen?
- Bei welchen Sachen solltest du dich – nach Meinung des Antreibers – mehr anstrengen?

- Wie solltest du – nach der Meinung deines Antreibers – sein?
- Wie solltest du aussehen?
- Was ist für deinen Antreiber ein No-Go? Wie darfst du nicht sein oder wie solltest du auf keinen Fall werden?
- Hat dein Antreiber ein Perfektionsideal für dich? Oder gleich mehrere?
- Hat er eine supertolle Vorstellung von dir entworfen, die du verwirklichen sollst?
- Mit welchen Worten lässt dich dein Antreiber hektisch werden?
- Zu welcher Tageszeit meldet sich der Antreiber häufig bei dir? Morgens, wenn du die Augen aufmachst? Beim Duschen oder nach dem ersten Kaffee? Auf dem Weg zur Arbeit? Zeigt er dir abends, was du alles nicht geschafft hast?
- Was fordert dein Antreiber von anderen Menschen, besonders von denen, die du liebst?
- Was sollte dein Partner, deine Partnerin endlich mal tun oder endlich mal lassen, damit dein Antreiber mit ihm oder ihr zufrieden ist?
- Was verlangt dein Antreiber von deinen Eltern?
- Was verlangt er von deinen Kindern?

Sind dir einige der Manöver deines Antreibers bewusst geworden? Das ist großartig! Jetzt erkennst du viel deutlicher, dass der Antreiber nur eine Stimme in deinen Gedanken ist. Das bist nicht du. Du bist die Instanz, die das alles innerlich hört.

Steckbrief: Der innere Sorgenmacher

Der innere Sorgenmacher,
grübelnd und missmutig

Woran du den inneren Sorgenmacher erkennst

- Der Sorgenmacher ist ein Unheilsprophet. Er kann kleine Störungen und Irritationen so vergrößern, dass sie wie eine Katastrophe aussehen.
- Er hat kein Vertrauen ins Leben. Er geht davon aus, dass das Unheil immer und überall lauert. Und er ist bereit, dir jederzeit zu sagen, was alles gefährlich ist.
- Der Sorgenmacher kann in friedlichen Situationen aufdrehen. Wenn du dich so richtig entspannst, vielleicht sogar Freude empfindest, beunruhigt er dich mit der Idee, dass bald alles schlechter wird, weil … und jetzt packt er seine Negativ-Visionen aus …, weil die Preise steigen, weil du immer mehr Geld ausgibst, weil du älter wirst, weil du

manchmal einen schnellen Herzschlag hast, der sicherlich zu einem Herzinfarkt führen wird, und so weiter.

- Das Mantra des Sorgenmachers lautet: »Das ist kein gutes Zeichen! Es könnte schlimm enden.«
- Der Sorgenmacher saugt die Krisen- und Katastrophenmeldungen aus den Medien auf und zeigt dir, dass du – jetzt oder später – sicherlich davon betroffen bist.
- Der Sorgenmacher ist manchmal ein echter Hypochonder. Körperliche Vorgänge, die dir ungewohnt erscheinen, werden von ihm sofort als Krankheit eingestuft. Und um das zu beweisen, holt sich der Sorgenmacher noch eine grauenhafte Diagnose aus dem Internet.
- Wenn du das nicht schaffst, was der innere Antreiber von dir verlangt, kommt der Sorgenmacher mit seinen negativen Zukunftsvisionen. Er führt dir vor, wie schlimm die Sache für dich ausgehen wird. Und dass bei dir bald alles den Bach runtergeht.
- Falls du dich durch die Attacken des inneren Kritikers niedergeschlagen fühlst und dein Selbstwertgefühl im Keller ist, fügt der Sorgenmacher noch seine Befürchtungen hinzu. Er geht davon aus, dass dir eine Zukunft bevorsteht, in der du allein, ausgestoßen, arm und elendig leben musst.

Der innere Sorgenmacher macht sich Sorgen darüber, dass du nicht so selbstbewusst, nicht so sportlich, nicht so spirituell bist wie alle anderen, mit denen dich der innere Kritiker vergleicht.

Wenn sich der Sorgenmacher nach außen wendet

- Der innere Sorgenmacher saugt sich voll mit den angsterzeugenden Nachrichten aus den Medien. Durch das Fernsehen, die Tageszeitungen und die Internetforen weiß der

Sorgenmacher, wie das aktuelle Unheil aussieht, wo es herkommt und wohin es – auch bei dir – führen wird.

- Einige Sorgenmacher formen daraus eine apokalyptische Vorhersage. Sie sind davon überzeugt, dass die Erde, die Zivilisation, die Menschheit schon bald zugrunde gehen werden.
- Dieser ängstliche Teil deiner Persönlichkeit kann sich Sorgen machen, weil deine Liebsten gegen die Vorschriften deines Antreibers verstoßen. Vielleicht sind deine Kinder nicht so gut in der Schule, wie sie nach Meinung deines eigenen Antreibers sein sollten. Dann kommt dein Sorgenmacher und sagt dir, dass aus deinen Kindern so nichts werden kann. Er entwirft Visionen, in denen sie nie einen guten Schulabschluss bekommen, keinen Job finden und deshalb nie auf eigenen Füßen stehen werden.

Du hörst dem Sorgenmacher automatisch zu, weil das Gehirn sofort auf mögliche Bedrohungen reagiert. Auch wenn die Bedrohungen nur ausgedacht sind.

- Ein anderes Beispiel: Dein Partner oder deine Partnerin macht nicht so viel Sport, wie dein eigener Antreiber es von ihm oder ihr verlangt. Dein Sorgenmacher kann auch hier dunkle Fantasien entwickeln, die dir zeigen, wie dein Partner oder deine Partnerin dick und krank werden.
- Die Menschen, die du liebst, sind für den Sorgenmacher ein weites Feld, auf dem er beängstigende Visionen züchten kann.

Lerne deinen Sorgenmacher besser kennen

Dein Sorgenmacher ist vielleicht in diesem Moment auf Tauchstation gegangen. Aber du weißt, er bleibt nie lange verschollen. Werde dir in den nächsten Tagen bewusst, was diese Stimme in deinen Gedanken zu dir sagt.

- Wenn es um dich geht, worüber macht sich dein Sorgenmacher am meisten Sorgen?
- Geht es dabei um deine Gesundheit, um deinen Körper? Ist er besorgt wegen deiner Partnerschaft oder wegen deines Alleinseins?
- Was denkt er über deine finanzielle Situation – jetzt und in Zukunft?
- Was denkt dein Sorgenmacher über die Tatsache, dass du älter wirst?
- Was befürchtet er, könnte in Zukunft auf dich zukommen?
- Um welchen deiner geliebten Menschen macht sich dein Sorgenmacher am meisten Sorgen?
- Was befürchtet er, könnte diesem geliebten Menschen passieren?
- Was denkt dein Sorgenmacher über die Entwicklungen in der Welt im Allgemeinen?

Du kannst besser planen und vorsorgen, wenn du an das denkst, was du dir für die Zukunft wünschst. Dafür brauchst du die Grübeleien des Sorgenmachers nicht.

Du bist nicht dein Sorgenmacher. Er ist nur ein Teil deiner Persönlichkeit und du kannst dich von seinen negativen Grübeleien abgrenzen. Kannst du dir vorstellen, wie es wäre, wenn du dir keine Sorgen mehr machen würdest? Wie würdest du dich dann fühlen?

Welchen Schaden das negative Denken anrichten kann

Solange wir dem inneren Kritiker, dem Antreiber und dem Sorgenmacher alles abkaufen, was sie in unseren Gedanken sagen, sind wir in einer verdunkelten Sichtweise auf uns selbst und auf unsere Mitmenschen gefangen. Wir erleben einen ständigen Mangel. Der Kritiker kann alles schlecht machen, was wir im Leben erreicht haben. Der Antreiber verlangt, dass wir uns optimieren und verbessern – immer mehr. Und der Sorgenmacher zeigt uns das drohende Unheil, ob realistisch oder nicht. Wenn wir unseren Quälgeistern glauben, leben wir im Minus. Wir haben zu wenig Freude, zu wenig Wertschätzung für uns selbst und für andere. Uns fehlen die Ruhe und die Leichtigkeit des Seins.

Warum sind die drei Quälgeister so negativ? Sie stehen auf dem Fundament der Angst. Sie sind daraus entstanden. Diese Angst durchzieht ihr Denken. Und auf diesem Fundament entstehen Unsicherheit, Selbstablehnung, Ärger, Neid, Eifersucht, Niedergeschlagenheit, Resignation, Zynismus und Feindseligkeit bis hin zum Hass.

Für Menschen, die sich an das Geplapper ihrer Quälgeister gewöhnt haben, ändert sich die Wirklichkeit. Das Negative scheint das einzig Realistische zu sein. Alles Positive ist dann nur noch ein Zufall oder bloße Augenwischerei. Diese negative Sicht der Dinge ist immer auch belastend. Wer sich selbst und die Welt durch diese dunkle Brille sieht, der leidet – mal mehr, mal weniger. Es fühlt sich nie gut an. Das liegt daran, dass das Fundament der Angst nicht unser wahres Zuhause ist. Dort werden wir uns immer unwohl fühlen.

Das Fundament der Liebe ist unser wahres Zuhause. Wenn wir das erleben, spüren wir Wertschätzung, Freundlichkeit, Verständnis, Vertrauen und Respekt. Das fühlt sich für uns richtig an. Die gute Nachricht lautet: Dieses Fundament der Liebe ist bereits in jedem Menschen vorhanden. Unser wahres Ich steht auf diesem Fundament. Vielleicht klingt das mit dem Fundament Liebe für dich etwas … sagen wir mal: kitschig. Oder sentimental. Aber das ist es nicht. Wenn wir nicht von unseren Quälgeistern beherrscht werden, können wir problemlos von unserem wahren Ich aus handeln und denken.

Wir können jeden Teil unserer Persönlichkeit wertschätzen. Kein Teil ist falsch oder schlecht.

Dein wahres Ich steht auf dem Fundament der Liebe

Du kennst dein wahres Ich bereits. Es ist immer auf deiner Seite und für dich da. Da es aber auf dem Fundament der Liebe steht, wird es sich nicht gewaltsam in den Vordergrund drängen. Es fordert nichts und es zwingt dir nichts auf.

Wenn du mit deinem wahren Ich verbunden bist, fühlt sich dein Leben leicht an. Das meiste läuft wie geschmiert. Und wenn mal was schiefgeht, kommst du damit klar. Du bügelst deine Fehler aus und lächelst amüsiert über die Peinlichkeiten, die dir passieren. Nichts davon wirft dich aus der Bahn. In solchen Momenten erlebst du, wie dein Denken dich unterstützt. Du fühlst dich wohl in deiner Haut.

Dein wahres Ich ist souverän und undramatisch. Es macht kein Tamtam. Deshalb passiert es oft, dass du es übersiehst. Die guten Momente vergisst du schnell, während die stressigen Krisentage in deinem Gedächtnis haften bleiben. Das liegt auch an der Buchhaltung des inneren Kritikers, der das Minus eifrig sammelt und archiviert. Aber das kannst du ändern. Du kannst die Leichtigkeit des Seins in deinem Hoheitsgebiet kultivieren, also absichtlich anbauen und wachsen lassen. Es beginnt damit, dass du dich von den Quälgeistern in deinem Kopf abgrenzt. Und jedes Mal, wenn du das machst, kommst du runter vom Fundament der Angst. Du landest in deinem wahren Ich.

Liebe ist nicht etwas, was du dir verdienen musst. Liebe ist das, was du in der Tiefe deines Wesens bist.

Wenn Gedanken deinen Selbstwert zerstören

Jedes Mal, wenn der innere Kritiker dich und dein Leben kritisiert, entsteht in dir das Gefühl, unzulänglich und mangelhaft zu sein. Vielleicht kommt dir nur ganz kurz in den Sinn, du seist mal wieder zu blöd, zu faul, ein wenig vertrottelt oder einfach nur ein Idiot. Diese kurzen Flashlights aber sind wie ein abwertender Baustein. Und die sammelt der innere Kritiker. Im Laufe der Zeit setzt er alle gesammelten Bausteine so zusammen, dass daraus ein negatives Denkmal von dir entsteht. Wenn du durch die Augen deines inneren Kritikers schaust, stehst du schlecht da. Das Ganze nenne ich Denkmal, weil es aus »ein paar Mal gedachten Gedanken« besteht. Und übrigens: Diese Gedanken sind für dich nur dann wirksam, wenn du an sie glaubst.

Immer wenn du davon überzeugt bist, dass du tief im Inneren oder auch im Äußeren nicht in Ordnung bist, wirst du von diesem negativen Denkmal beherrscht. Und es ist jedes Mal eine Lüge.

Wenn du denkst, dass du irgendwie nicht okay bist, sei freundlich zu dir selbst. Denn du bist vollkommen in Ordnung – mit allem, was an dir scheinbar unperfekt ist.

Die einzige Kraft, die dieses negative Denkmal kleinkriegt, bist du. Wenn du dich von Kritiker, Antreiber und Sorgenmacher abgrenzt, stürzt das negative Denkmal von dir in sich zusammen und dein Selbstwertgefühl entfaltet sich.

Miese Gefühle wegmachen: Vom Zuschütten und vom Süchteln

Solange sich Kritiker, Antreiber und Sorgenmacher bei uns austoben, fühlen wir uns schlecht. Und das löst in unserem Gehirn eine Suche aus. Wir suchen nach einem besseren Zustand, nach Wohlbefinden. Oft greifen wir dann nach den Sachen, die uns früher schon mal geholfen haben, uns besser zu fühlen. Das sind meistens Dinge, die in unserem Alltag leicht erreichbar sind.

Die beliebtesten Mittel, um aus den miesen Gefühlen rauszukommen, sind: Essen, Alkohol und Ablenkung durch Fernsehen und soziale Medien im Internet. Dicht gefolgt von harten Drogen, süchtigem Spielen und Einkaufen.

Die meisten Menschen, die noch von ihren Quälgeistern tyrannisiert werden, neigen dazu, sich mit einem oder mehreren dieser Mittel zuzuschütten. Sie greifen automatisch zu den Sachen, durch die sie ihre miesen Gefühle eine Zeit lang loswerden. Wir trösten uns mit ungesundem Essen. Wir beruhigen die gestressten Nerven mit Wein, Bier oder Cocktails. Wir kommen auf andere Gedanken, indem wir uns die dramatischen Probleme anderer Leute auf dem Bildschirm angucken.

Hinter der Abhängigkeit von der Schokolade, dem Alkohol oder dem Daddeln im Internet verbergen sich unangenehme Gefühle, die durch das negative Denken entstanden sind. Wenn du dein Denken veränderst, kann das Süchteln aufhören.

Falls der Alltag noch anstrengender wird oder wenn etwas Dramatisches passiert, werden die Quälgeister lauter und intensiver. Das Sich-schlecht-Fühlen wird stärker und das Verlangen nach dem, womit wir das Unangenehme am liebsten zuschütten, steigt. Es wird noch mehr gegessen, noch mehr Alkohol getrunken, noch mehr auf den Bildschirm geguckt, noch mehr eingekauft und so weiter.

Das Zuschütten mit Süßigkeiten, fettigem Essen, Alkohol, viel Bildschirmgucken kann dann neue Kritikerattacken auslösen. Wir leben ungesund und wir merken es. Für den inneren Kritiker ist das wieder ein Baustein für sein Negativ-Denkmal. In seinen Augen sind wir zu bequem oder zu undiszipliniert. So entsteht ein Teufelskreis: Das Zuschütten von miesen Gefühlen löst eine neue Kritikerattacke aus, die wiederum zu einem miesen Gefühl führt. Und dieses Schlechtfühlen wird dann wieder mit Essen, Alkohol und Bildschirmzeit zugeschüttet. Und so weiter.

Wenn du aus solchen Abhängigkeiten rauskommen willst, fang da an, wo die belastenden Gefühle entstehen: Achte auf das, was dir durch den Kopf geht. Und mach dir klar, dass du nicht das Opfer deines Denkens bist. Du bist deinen Gedanken nicht ausgeliefert und ihnen gegenüber auch nicht machtlos. Du kannst dir ganz bewusst andere, wohltuende Gedanken machen, durch die du dich besser fühlst. Damit verschwindet ein wesentlicher Grund fürs Zuschütten. So kannst du die alten Abhängigkeiten beenden.

Um aus dem Süchteln rauszukommen, brauchst du deine wache Aufmerksamkeit, liebevolle Geduld und ein Denken, das dich unterstützt, statt dich zu verurteilen.

Wie die Quälgeister uns dumm machen

Jede Attacke der Quälgeister löst Stress aus. Egal, ob die Quälgeister dich angreifen oder über andere Leute schimpfen. Bei jeder Attacke wirst du … ja, dumm. Durch den Stress, der im Körper entsteht, wird dein cleveres Denken runtergedimmt.

Das erklärt, warum Menschen, die sich aufregen und schimpfen, oftmals Sachen sagen, die sie später bereuen. Ihr verärgerter innerer Kritiker tobte im Alleingang durch ihre Gedanken und genau diese Gedanken polterten oft ungefiltert aus ihrem Mund. All ihre intelligenten Gesprächstechniken waren bei dieser Kritikerattacke verschwunden: gut zuhören können, die Gegenmeinung verstehen, Lösungen vorschlagen und darüber verhandeln – all das wurde abgestellt. Es gab nur noch Unsachlichkeiten und Zankerei.

Solange die Quälgeister bei dir das Sagen haben, fehlt dir dein klarer Kopf. Aber das kannst du ändern. Den ersten und wichtigsten Schritt hast du schon gemacht: Dir sind diese Teile deiner Persönlichkeit bewusst geworden. Wenn du dich mehr und mehr von ihnen abgrenzt, bist du weniger gestresst. Dir fallen die richtigen Worte ein und du redest souverän mit anderen Menschen. Selbst bei schwierigen Gesprächen bleibst du obenauf und behältst den roten Faden in der Hand.

Bevor du mit der Außenwelt kommunizierst, überprüfe, wer in deiner Innenwelt gerade das Sagen hat.

Aber wieso haben wir überhaupt einen inneren Kritiker, einen Antreiber und einen Sorgenmacher?

So sind unsere Quälgeister entstanden

Der innere Kritiker, der Antreiber und der Sorgenmacher sind – wie gesagt – Teile unserer Persönlichkeit. Sie sind nur Teile. Sie sind nicht unsere gesamte Persönlichkeit. Wenn sie mal still sind oder wir uns von ihnen abgrenzen, kommen wir mit allem klar. Unsere Sinne, der Körper, das Gehirn – alles funktioniert bestens. Uns fehlt nichts, außer dem gewohnten Unglücklichsein.

Die drei Quälgeister sind schon früh in unserer Kindheit entstanden. Und wichtig ist hierbei, dass du weißt: Es war nicht deine Schuld. Du hast keinen Fehler gemacht. Ich verteile überhaupt keine Schuld.

Als wir noch klein waren, haben wir die Welt um uns herum wie ein Schwamm aufgesaugt und verinnerlicht. Das war eine schlaue Strategie. Denn so konnten wir uns an unsere Umgebung anpassen. Wir haben gelernt, richtig am Tisch zu sitzen und mit einem Löffel oder einer Gabel zu essen. Wir haben gelernt, wie man sich eine Jacke anzieht, sich die Zähne putzt und dass man den Hund nicht in die Nase kneifen darf. Was uns die Großen, meistens die Eltern, beigebracht haben, war für uns wichtig und nützlich. Sie haben uns die Welt gezeigt und erklärt.

Niemand ist schuld daran, dass in unserer Persönlichkeit Quälgeister entstanden sind.

Damals entstand auch unser Ich-Gefühl. Unser Selbstbild. Wenn wir umsorgt und geliebt wurden, hatten wir das Gefühl, dass wir in Ordnung sind. Diese positive Zuwendung hat unseren Selbstwert aufgebaut und gestärkt.

Woher das Gefühl kommt, nicht in Ordnung zu sein

Aber die gleichen Eltern waren auch manchmal genervt, im Stress oder standen unter Druck. Dann wurde das Klima rauer. Vielleicht wurden wir ausgeschimpft, bestraft, alleingelassen. Manchmal haben die Großen ihren eigenen inneren Kritiker über uns ausgeschüttet. Das taten sie meistens unbewusst, aus einem Reflex heraus – ohne uns absichtlich schaden zu wollen. Wir bekamen solche oder ähnliche Botschaften zu hören, oft auch noch in einem harten Tonfall:

- »Sei jetzt still! Du störst nur.«
- »Geh in dein Zimmer und komm erst wieder, wenn du lieb bist.«
- »Was bist du nur für ein Dummkopf? Du machst alles kaputt.«
- »Mit dir hat man nur Scherereien.«
- »Wenn du dir keine Mühe gibst, wirst du das nie schaffen.«
- »Mit dir kann man sich nirgendwo blicken lassen. Ständig blamierst du einen.«
- »Das habe ich dir schon drei Mal erklärt. Bist du zu blöd, um das zu kapieren?«

Wenn wir so behandelt wurden, tat das weh. Und daraus zogen wir eine Schlussfolgerung. Damals war das weniger ein Gedanke als vielmehr ein Gefühl: Wir fühlten uns, als wären wir nicht in Ordnung. Als wären wir irgendwie verkehrt, schlecht, nicht liebenswert. Denn sonst würden uns die Großen das nicht antun. So entstand der innere Kritiker.

Der Antreiber entstand aus dem Druck, dem Müssen und dem Sollen, die wir als Kind erlebt haben. Und der Sorgenmacher entstand aus unserer eigenen Angst. Manchmal auch aus der Angst, die wir bei unseren Eltern gespürt haben. So erklärt sich auch, dass Menschen, die als Kind viel Angst hatten, die Vernachlässigung und Gewalt erlebt haben, innerlich oft von harten und erbarmungslosen Kritikern, Antreibern und Sorgenmachern geplagt werden.

Die drei Quälgeister in deinem Kopf wollen dich im Grunde nur beschützen. Das machen sie durch Verurteilungen, Druck und Sorgen, weil sie auf dem Fundament der Angst stehen.

Du hast keine »bösen« Teile in dir

Kritiker, Antreiber und Sorgenmacher sind die erlernte und verinnerlichte schlechte Behandlung, die wir früher erlebt haben. Um das genauer zu erklären, benutze ich gern das Bild eines Elternteils, das versucht, sein Kind zu beschützen.

Diese Szene hat sich tatsächlich vor meinen Augen abgespielt. Die Mutter geht mit ihrem kleinen Kind auf dem Gehweg an einer viel befahrenen Straße. Ihr kleiner Schatz läuft freudestrahlend einer Taube hinterher, die immer wieder weg hüpft. Die Mutter sieht, wie ihr Kleines immer weiter Richtung Fahrbahn läuft. Kurz bevor es die Fahrbahn betritt, schnappt sie sich das Kind und reißt es vom Bordstein weg.

Sie zieht es am Oberarm hoch, schüttelt es und schreit: »Sag mal, spinnst du?! Du sollst nicht auf die Straße laufen. Da wirst du von den Autos totgefahren. Ich hab dir schon hundert Mal gesagt, dass du bei mir bleiben sollst und nicht einfach weglaufen darfst.«

Das Kind weint und ruft: »Aua, aua! Du tust mir weh!«

Die Mutter wird noch lauter: »Du bist so ungezogen! Du machst mich richtig krank.«

Für das Kind sind solche und ähnliche Erlebnisse die Geburtsstunden seines eigenen inneren Kritikers, des Antreibers und Sorgenmachers. Aber lass uns bei der Mutter bleiben.

Kannst du dir erklären, warum die Mutter so heftig reagiert hat?

Kannst du nachvollziehen, was bei ihr los war, als sie sah, wie ihr Kind beinahe auf die Fahrbahn gelaufen wäre?

Wenn du das innerlich nachvollziehen kannst, dann ist dir klar, dass sie Angst um ihr Kind hatte. Und weil sie Angst hatte, wurde sie aggressiv. Kein Auto hat ihr Kind verletzt. Stattdessen hat sie es getan.

Und damit hast du erfasst, warum der innere Kritiker, der Antreiber und der Sorgenmacher so quälend sind. Diese drei Teile der Persönlichkeit stehen auf dem Fundament der Angst. Und obwohl sie dich hart anpacken, wollen sie eigentlich nur eins. Dasselbe, was auch die Mutter für ihr Kind will. Sie wollen, dass du sicher bist.

Der innere Kritiker, der Antreiber und der Sorgenmacher sind keine bösen Teile in deiner Persönlichkeit. Sie sind Beschützer, die versuchen, dich vor etwas Schlimmerem zu bewahren. Sie machen es so, wie sie es gelernt haben: mit Herabsetzung, Verurteilung, mit druckmachenden Vorschriften und ängstlichen Grübeleien. Sie wollen, dass dir nichts Schlimmes passiert. Aber in Wirklichkeit sind sie das Schlimme, das dich verletzt.

Die Härte der Quälgeister entsteht auf dem Nährboden der Angst.

Deine Abgrenzung von den drei Quälgeistern

Dir ist bewusst geworden, was innerer Kritiker, Antreiber und Sorgenmacher in deinem Kopf treiben? Wenn ja, dann kannst du mit der Entziehungskur beginnen. Du entziehst diesen drei inneren Stimmen dein Ich.

Bisher haben die drei Quälgeister dein Ich bekommen. Was heißt das? Du warst verschmolzen mit dem, was der innere Kritiker, der Antreiber und der Sorgenmacher zu dir sagten. Du hast dich mit diesen Gedanken identifiziert.

Wenn der Kritiker dir den Gedanken geschickt hat »Ich bin so ein Idiot!«, dann hast du das womöglich geglaubt. Du bist davon ausgegangen, dass das, was da innerlich bei dir quasselt, dein echtes und einziges Ich ist. Dabei war es nur ein Teil deiner Persönlichkeit, der innere Kritiker. Und der konnte sich ungebremst bei dir austoben, weil du mit ihm verschmolzen warst.

So machst du deine Quälgeister groß und stark: Du glaubst alles, was sie sagen. Du verwechselst dich mit ihnen und denkst, sie wären dein Ich. Du bekämpfst sie.

Vielleicht hast du dem inneren Kritiker jede Beschimpfung und alles Niedermachen geglaubt, weil du dachtest, dass du das bist. Aber diese drei Quälgeister sind nicht dein Ich. Sie sind die negativen Botschaften, die dir irgendwann einmal von außen auferlegt wurden und die du verinnerlicht hast. Sie sind: Konditionierung. Das ist nicht dein wahres Ich.

Der Anfang ist mit diesem Begreifen gemacht. Du hast gemerkt, dass dir das Gerede der drei Quälgeister nicht guttut. Du willst dich davon abgrenzen. Und ich zeige dir hier, wie dir das in vier Schritten gelingt. Ich präsentiere dir zuerst die einzelnen Schritte und anschließend zeige ich dir, was für ein Potenzial in jedem einzelnen Schritt steckt.

Strategie: Wie du mit vier Schritten aus dem Kopftheater rauskommst

- **Schritt eins: Dir wird bewusst, dass einer der drei Quälgeister gerade in deinen Gedanken das Wort ergreift.**
- **Schritt zwei: Egal, was dieser Quälgeist gerade gesagt hat, du unterbrichst die Gedanken.** Du begrüßt ihn mit einem freundlichen Hallo. Dass du dabei freundlich bist, ist wirklich wichtig. Damit verlässt du das Fundament der Angst.

  Vielleicht hast du gemerkt, wer da gerade am Werk war, der Kritiker, der Antreiber oder der Sorgenmacher. Dann nenn diesen Teil beim Namen. Sag in Gedanken so etwas wie: »Hallo, Kritiker!« Wenn du nicht genau weißt, wer da gerade in deinen Gedanken geplappert hat, macht das nichts. Bleib beim einfachen »Hallo«.
- **Schritt drei: Dank dem Quälgeist dafür, dass er sich bei dir gemeldet hat.** Du kannst dem jeweiligen Teil von dir sagen, dass du jetzt da bist und dass du dich um die Sache kümmerst, mit der er sich beschäftigt hat. Du kannst das so oder ähnlich ausdrücken: »Danke für die Information. Ich kümmere mich darum.«
- **Schritt vier: Atme tief ein und aus.** Beim Ausatmen entlässt du die Energie des jeweiligen Quälgeistes aus deinem Körper.

Spür diese kleine – oder vielleicht auch große – Erleichterung, die jetzt entstanden ist. In diesem – vielleicht nur kurzen – Moment bist du frei. Du hast die Quälgeister-Gedanken losgelassen.

Diese vier Schritte haben es in sich. In ihnen steckt viel Know-how. Ich möchte dir kurz erklären, was jeder einzelne Schritt für dich bedeutet und was du damit erreichen kannst.

Was steckt hinter Schritt eins?

Du merkst bewusst, was in deinem Kopf los ist. Das ist enorm wichtig. Wenn du diese vier Schritte lange genug geübt hast, reicht schon das bloße Bewusstwerden – und schwups bist du aus dem Geplapper der Quälgeister ausgestiegen.

Was steckt hinter Schritt zwei?

Manche meiner Seminarteilnehmerinnen und -teilnehmer fanden es anfangs merkwürdig, das innere Selbstgespräch bewusst zu verändern und Hallo zu sagen. Die meisten hatten es sich angewöhnt, die Quälgeister-Gedanken einfach laufen zu lassen.

Doch auch wenn es vielleicht ungewohnt ist, wir können die Gedanken, die uns runterziehen, ängstigen oder unter Druck setzen, einfach stoppen. Das freundliche »Hallo!« ist ein Unterbrecher. Es ist ein anderer Gedanke, der den Quälgeister-Gedankenstrom stoppt. Aber es geschieht noch mehr.

Mit dem »Hallo!« ziehst du dein Ich aus den Gedanken heraus. Jetzt gibt es zwei: Da bist du, in deinem wahren Ich. Und da ist der Quälgeist, den du grüßt. Er hat dein Ich jetzt nicht mehr. Du stehst diesem Teil deiner Persönlichkeit gegenüber. Jetzt beherrscht er dich nicht mehr. Und du bist nicht mehr mit ihm verschmolzen.

Wenn dich dein inneres Selbstgespräch unglücklich macht, hör auf damit. Du kannst dein Denken jederzeit unterbrechen.

Was steckt hinter Schritt drei?

Bisher haben die Quälgeister versucht, dich zu beschützen. Das konnten sie nur so tun, wie sie es gelernt haben – mit viel Angst, Aggression, Verurteilung und Druck. Sie haben immer versucht, dich und dein Leben zu managen. Sie sind sehr zuverlässig zur Stelle, wenn irgendetwas schiefläuft, wenn du in Schwierigkeiten gerätst oder wenn etwas Unangenehmes auftaucht. Wenn du sie dafür wertschätzt, werden sie milder. Und du zeigst dir selbst, dass du weiterhin auf dem Fundament der Liebe stehst.

Im dritten Schritt der Strategie bedankst du dich dafür, dass sie auftauchen und dir damit zeigen, dass es da etwas gibt, was sie managen wollen. Es reicht, wenn du beispielsweise sagst: »Danke für die Information.«

Egal, was deine Quälgeister sagen, dein wahres Ich – also du selbst – kannst die Sache jetzt übernehmen. Du kannst dich um das kümmern, was die Quälgeister bisher durchgekaut haben. Dabei kommst du auf neue Gedanken. Gedanken, die dir guttun.

Was steckt hinter Schritt vier?

Das negative Gerede der Quälgeister hinterlässt Spuren im Körper. Bestimmte Muskeln (zum Beispiel die Schultermuskeln, Kiefermuskeln, die Muskeln um die Augen) verspannen sich. Die Atmung wird flacher, der Blutdruck kann steigen. Wenn du einen empfindlichen Magen hast, reagiert auch er. Bei manchen Menschen wird der Blick starrer. Bei anderen entsteht eine verkrampfte Körperhaltung. Oft verhärten sich die Gesichtszüge. Mit den tiefen Atemzügen im vierten Schritt löst du ganz bewusst diese Verspannungen.

Das tiefe Ein- und Ausatmen sagt deinem Körper, dass alles in Ordnung ist. Du lässt die Energie der Quälgeister mit dem Ausatmen aus deinem Körper strömen. Achte darauf, dass du dabei wirklich weicher, entspannter, ruhiger wirst.

Nur du kannst deinen Quälgeistern das geben, was ihnen bisher gefehlt hat: liebevolle Freundlichkeit. Dadurch werden sie milder.

Wenn das alles nicht klappt: Die drei häufigsten Fehler

Falls dieser Umgang mit den Quälgeistern für dich neu ist, machst du anfangs vielleicht ein paar Fehler. Das ist kein Problem. Weil das alles noch ungewohnt ist, kommt es vor, dass du manchmal daneben trittst. Ich zeige dir hier, was am häufigsten falsch läuft und wie die passende Lösung aussieht.

1. **Du lässt das Geplapper deiner Quälgeister einfach so laufen, weil du richtig findest, was sie sagen.**
   Das bedeutet, du bist im Moment mit diesen Teilen deiner Persönlichkeit verschmolzen. Du identifizierst dich mit

ihnen. Ein Quälgeist oder alle drei haben dein Ich bekommen. Damit verstärkst du sie. Du trainierst diese Denkweise.

Die Lösung: In dem Moment, in dem du merkst, welchen Schaden dieses Denken bei dir anrichtet, willst du es nicht mehr. Achte darauf, wie du dich fühlst, nachdem sich die Quälgeister in deinem Kopf ausgetobt haben. Du wirst feststellen, dass dir ein paar sehr gute Gefühle fehlen. Du hast keinen inneren Frieden, keine Leichtigkeit, keine echte Freude, kein Vertrauen in dich und ins Leben. Stattdessen fühlst du eine Form von Stress, wie etwa miese Laune, Ärger, Niedergeschlagenheit, bange Zweifel oder Entmutigung. Vielleicht spürst du auch, wie sich deine körperliche Verfassung verschlechtert. Wenn du dir das alles bewusst machst, wird dir klar, warum es für dich gut und richtig ist, dich von den Quälgeistern abzugrenzen.

Unter uns gesagt: Einige Menschen wachen erst auf und grenzen sich von den Quälgeistern ab, nachdem sie schmerzhaft »gegen die Wand gefahren« sind. Wenn ihre seelische Gesundheit durch das Quälgeister-Geplapper ruiniert wurde. Bitte lass es nicht so weit kommen.

2. **Du greifst deine Quälgeister an.**

Grund dafür ist … deine Gewohnheit. Du hast dir angewöhnt, auf das Denken des inneren Kritikers zu hören, wenn etwas Störendes auftaucht. Der innere Kritiker verurteilt, schimpft und klagt an. Genau das passiert auch, wenn du dich über deine Quälgeister aufregst. Der innere Kritiker fällt über sich selbst her. Dein Antreiber setzt dich unter Druck, damit du die Quälgeister endlich abschaffst. Und dein Sorgenmacher macht sich darüber Sorgen, wie schlimm es wird, wenn du den Sorgenmacher nicht in den

Griff kriegst. Diese Teile deiner Persönlichkeit können über alles herfallen, auch über sich selbst.

Die Lösung: Hör auf, die Quälgeister mithilfe der Quälgeister zu bekämpfen. Du kannst dich nur wirksam von ihnen abgrenzen, wenn du das Fundament wechselst. Stell dich bewusst auf das Fundament der Liebe. Das ist dein Zuhause.

Unterbrich ihr Geplapper freundlich. Sei ihnen dankbar, weil sie ständig versuchen, dich zu beschützen. Nur mit deiner echten liebevollen Freundlichkeit kommst du aus dem negativen Denken raus.

3. **Du bist enttäuscht, weil deine Quälgeister immer wieder auftauchen.**

Obwohl du trainierst, machen sie sich immer wieder in deinen Gedanken breit. Allmählich zweifelst du an dir oder an diesen vier Schritten, die ich dir hier vorgestellt habe. Da stimmt doch was nicht, denkst du.

Wenn du deine Quälgeister verurteilst und angreifst, bist du mit ihnen verschmolzen.

Die Lösung: Werde dir bewusst, wer jetzt gerade in deinen Gedanken redet. Und dann schick deinem inneren Antreiber einen liebevollen Gruß. Hinter diesen enttäuschten Gedanken stecken eine beinharte Antreiber-Vorschrift und ein viel zu hoher Anspruch. Die Antreiber-Vorschrift lautet in etwa so: »Ich darf nicht negativ denken. Ich sollte meine Quälgeister loswerden.« Und der hohe Anspruch klingt zum Beispiel so: »Ich muss das gründlich und perfekt schaffen. Für immer.«

Jede Antreiber-Vorschrift, an die du glaubst, ist ein Einfallstor für den inneren Kritiker. Der verurteilt dich, weil du es nicht geschafft hast, deine Quälgeister loszuwerden. Dieses Drama kannst du beenden.

Du weißt, wie du dich davon abgrenzen kannst: Sag freundlich Hallo zu deinem Antreiber. Bedank dich für die Information. Und dann übernimmst du die Sache.

Finde deine eigene, wohltuende Einstellung zu deinen Quälgeistern. Respektiere, dass sie dich immer wieder beschützen wollen, so wie sie es früher gelernt haben. Und dabei entdeckst du immer wieder, dass du frei bist und dich von diesem Denken abgrenzen kannst. Immer wieder. Warum auch nicht? Du putzt dir jeden Tag die Zähne. Und dann isst du wieder etwas und du putzt sie dir wieder. Und so weiter.

Deine Quälgeister werden sich immer bei dir melden, wenn du etwas Unangenehmes erlebst. Du bemerkst sie, wenn sie anfangen zu plappern. Und du grenzt dich von ihnen ab. Das tust du immer wieder, wenn es nötig ist. Wie das Zähneputzen.

Manchmal bist du aus dem negativen Denken ausgestiegen und – Überraschung! – es geht sofort wieder los. Kaum hast du dich von deinen Quälgeistern abgegrenzt, da ergreifen sie schon wieder das Wort. Unter uns gesagt: Das kommt häufiger vor und es ist normal.

Du kannst dich jederzeit von deinen Quälgeistern lösen – nicht durch Leistungsdruck, sondern durch Freundlichkeit.

Es gibt zwei Ursachen dafür:

1. **Du stehst noch unter Stress.**
Wenn du noch angespannt bist, ist das für die Quälgeister ein Alarmsignal: Irgendwas ist mit dir und deinem Leben nicht in Ordnung. Und schon kommen sie und versuchen dich mit ihrem quälenden Geplapper zu beschützen. Solange du gestresst bist, springen deine Quälgeister auf und machen ihren Job.

Was du brauchst, ist eine für dich passende Art und Weise, zu entspannen. Und zwar täglich. Schau dich um, ob du für dich eine Entspannungstechnik findest, die zu dir passt. Ich entspanne mich täglich mit Yoga und Meditation.

2. **Du hast die Sache, auf der die Quälgeister rumreiten, nicht wirklich übernommen.**
   Erst wenn du aktiv neue Gedanken dazu entwickelst, wissen die Quälgeister, dass du dich darum kümmerst.

   Die einfachste Art, sich zu entspannen: die Aufmerksamkeit auf den Körper lenken. Tiefes Ein- und Ausatmen. Dabei die Spannung im Körper bewusst loslassen. Die Muskeln lockern.

   Um auf das Beispiel mit der Mutter zurückzukommen, die ihr Kind hart anfasst, damit es nicht überfahren wird. Wann wird diese Mutter aufhören, ihr Kind so zu behandeln? Wenn sie erlebt, dass es auf sich selbst aufpassen kann. Erst wenn die Mutter das sieht, wird sie milder werden und ihr Kind nicht mehr so hart anfassen.

   Du findest am Ende dieses Hauptkapitels ein Arbeitsblatt, mit dem du aktiv dein Denken verändern kannst. So grenzt du dich von den Quälgeister-Attacken ab. Dabei übernimmst du – von deinem wahren Ich aus – die Sache, um die es geht. Das tust du, indem du dir absichtlich wohltuende, konstruktive Gedanken machst. Jetzt können deine Quälgeister zurücktreten und sich entspannen.

Ich selbst nutze noch eine weitere Strategie, die mich schnell und zuverlässig, aus dem Kopftheater rausbringt. Sie ist so simpel, dass ich sie überall durchführen kann. Ich empfehle dir diese Strategie, wenn du gerade keine Zeit hast, dich mit dem Arbeitsblatt zu beschäftigen oder dich zu entspannen. Ganz nebenbei sorgt diese Strategie auch dafür, dass du im Alltag achtsamer und wacher bist.

Strategie: Wie du ganz einfach im Hier und Jetzt bleiben kannst

Am besten funktioniert diese Strategie, wenn du zuerst diese Anleitung liest. Und anschließend probierst du das Ganze aus, ohne dabei zu lesen. Es ist wirklich leicht. Du richtest deine Aufmerksamkeit der Reihe nach auf deine sinnlichen Wahrnehmungsfelder. Das heißt, du nimmst bewusst wahr, was du siehst, hörst, fühlst, riechst und schmeckst. Damit ziehst du deine Aufmerksamkeit vom Denken ab und richtest sie auf das, was jetzt tatsächlich da ist. Du gehst raus aus dem Kopf, rein ins Hier und Jetzt.

- Geh mit deiner Aufmerksamkeit zu dem, was du gerade siehst. Schau dir alles an, was deine Augen erfassen können. Schau einfach nur.
- Dann gehst du mit deiner Aufmerksamkeit zu dem, was du gerade hörst. Nimm die Geräusche wahr, die dicht bei dir sind. Zum Beispiel das Gluckern in deinem Bauch. Das Summen und Brummen irgendwelcher Geräte. Und dann nimm ein Geräusch wahr, das weiter weg ist. Vielleicht das Rauschen des Straßenverkehrs.
- Geh mit deiner Aufmerksamkeit zu dem, was du spürst. Streich mit deinen Fingern über ein Kleidungsstück, das du gerade trägst. Achte darauf, wie sich der Stoff anfühlt. Fühle das, worauf du gerade sitzt. Wie fühlt sich diese Unterlage an?
- Geh mit deiner Aufmerksamkeit zu dem, was du riechst. Aktiviere deinen Geruchssinn. Atme durch die Nase ein und schnuppere, ob du etwas Bestimmtes riechen kannst.

- Richte deine Aufmerksamkeit auf den Geschmackssinn. Kannst du etwas in deinem Mund schmecken? Auch wenn der gerade leer ist?

Es ist gut möglich, dass alles, was du durch deine Sinne wahrnimmst, komplett harmlos ist. Wenn du sinnlich im Moment bleibst, erkennst du: Das ist jetzt wirklich da – also sinnlich wahrnehmbar. Und das, was die Quälgeister sagten, war nur in Gedanken da, also ausgedacht.

Dein Denken verändert sich, wenn du dich von den Quälgeistern abgrenzt. Du hörst auf, dich und andere Leute schlechtzumachen. Du hinterfragst die druckmachende Sollerei des Antreibers. Und du schüttelst den Kopf, wenn dir der Sorgenmacher seine »Das wird schlimm enden«-Visionen präsentiert. Du merkst, dass du dein Denken in eine bessere, konstruktive Richtung lenken kannst.

Wenn wir schon eine lange Zeit über vom Geplapper der Quälgeister beherrscht wurden, kann es anfangs ungewohnt sein, das eigene Denken absichtlich neu zu gestalten. In meinen Trainingsseminaren und Beratungen bin ich an dieser Stelle sehr sensibel.

Dein neues Denken funktioniert nur, wenn es für dich stimmig ist. Um es deutlicher zu sagen: Du brauchst Gedanken, mit denen du dich wohlfühlst und die wirklich zu dir passen. Genauso wie du passende Schuhe brauchst, um gut gehen zu können. Pauschales Schuhwerk von der Sorte One-Size-fits-all funktioniert nicht wirklich.

Stimmige Gedanken sind die, die dir guttun und für dich glaubwürdig sind.

Wenn ich mit Menschen im direkten Kontakt arbeite, weiß ich an dieser Stelle bereits, was sie beschäftigt und wonach sie suchen. Oftmals kommen sie dann auch selbst auf neue, wohltuende Gedanken. Falls das manchmal schwierig ist, biete ich ihnen vorsichtig und respektvoll einige neue Gedanken an. Aber ich achte sorgfältig darauf, dass ich sie immer nur *vor* ihrem Hoheitsgebiet ablege. Ob etwas passt oder nicht – das entscheide nicht ich, sondern der oder die Empfänger*in.

Wie du zu neuen und hilfreicheren Gedanken finden kannst, klären wir gleich noch.

Du kannst deine Quälgeister managen

Anfangs kann es für dich ungewohnt sein, das Quälgeister-Geplapper bewusst wahrzunehmen. Aber im Laufe der Zeit stellst du fest, dass es dir immer leichter fällt, das negative Denken zu bemerken und loszulassen. Das Loslassen kann eine Gewohnheit werden, mit der du langsam, aber sicher deine seelische und auch deine körperliche Gesundheit verbesserst. Statt von den Quälgeistern beherrscht zu werden, drehst du den Spieß um. Nein, du piekst sie nicht mit einem Spieß. Du nimmst sie an die Hand. Im Kritiker, im Antreiber und im Sorgenmacher sind deine schmerzhaften, kindlichen Erfahrungen konserviert. Die Quälgeister tragen einen Teil deiner früheren Erlebnisse. Und von deinem wahren Ich aus kannst du ihnen die Hand reichen. Sie brauchen das von dir, was damals gefehlt hat: Freundlichkeit und Verständnis.

Jetzt bist du groß. Du bist so groß, dass du deine Quälgeister freundlich managen kannst. Und je öfter du das machst, desto weniger quälen sie dich.

Aber es gibt ein Aber. Sobald du seelisch auf Glatteis gerätst, sind sie erneut zur Stelle. Und sie zeigen dir, dass sie immer noch das können, was sie gelernt haben.

Zum Glück hast du auch einiges gelernt.

Passend und stimmig für dich: Dein Heilmittel gegen das negative Denken

Ich kenne dich nicht. Ich weiß nichts von deinen Baustellen im Leben und von deinen Problemen. Trotzdem möchte ich dich auf andere Gedanken bringen. Andere als die, die normalerweise vom Kritiker, Antreiber und Sorgenmacher kommen.

Ich biete dir hier einige Gedanken an, mit denen du dich von jedem einzelnen Quälgeist abgrenzen kannst. Das ist so etwas wie eine Saat. Diese Saat kannst du, wenn sie für dich passend ist, in deinem Hoheitsgebiet aussäen und wachsen lassen.

Nimm dir Zeit beim Lesen und lass die einzelnen Sätze auf dich wirken.

Was davon berührt dich? Bei welchen Sätzen spürst du eine Resonanz, ein Gefühl von Stimmigkeit? Diese Sätze sind für dich wichtig, weil sie dich mit deinem wahren Ich verbinden.

Die Abgrenzung vom inneren Kritiker

- Egal, was dein innerer Kritiker von dir hält: Mit dir ist alles in Ordnung. Du bist liebenswert. Ohne Wenn und Aber.
- Du bist nicht das, was du tust oder was du besitzt. Du bist auch nicht das, was andere über dich sagen.
- Du bist einzigartig. Jeder Vergleich mit anderen Menschen wird dir nicht gerecht. Du bist so umfassend und so vielfältig, dass du in keine Schachtel, in kein Klischee passt.
- Du wirst durch die Kritikerattacken kein besserer Mensch.
- Du brauchst keine Standpauken und kein Geschimpfe, um deine Fehler zu korrigieren und um dich – falls nötig – dafür zu entschuldigen. Du kannst Fehler erkennen – bei dir und anderen Menschen – ohne zu schimpfen, ohne zu verurteilen.
- Du kannst die Kritik von anderen annehmen, ohne dich zu verteidigen und ohne dich deswegen schlecht zu fühlen.
- Sich wertvoll fühlen und in voller Selbstachtung durchs Leben zu gehen – das ist eine Wahl, die du jetzt und jetzt … und schon wieder treffen kannst.
- Es gibt keine weniger wertvollen Menschen.
- Deine Mitmenschen können so sein, wie sie gerade sind. Sie müssen dir nicht gefallen und sie müssen auch nicht deiner Meinung sein.
- Mit deinem wahren Ich im Rücken ist es für dich leicht, spontan zu sein. Ohne ständig im Hinterkopf zu überprüfen, welchen Eindruck du jetzt gerade machst. Ohne darüber nachzudenken, was andere über dich denken könnten. Du kannst dich selbst so sein lassen, wie du gerade bist.
- Wenn du dich über das Schlechte in der Welt beklagst, wirst du nicht besser und die Welt auch nicht.

- Du bist nicht deine Vergangenheit.
- Wenn dich andere unfreundlich oder schlecht behandeln – achte darauf: Diese Menschen werden gerade von ihren Quälgeistern heimgesucht. Es reicht, wenn du dich souverän davon abgrenzt. Du musst es ihnen nicht heimzahlen und dich auch nicht an ihnen rächen. Sie sind schon genug »bestraft«, weil sie von ihren Quälgeistern beherrscht werden.
- Niemand kann deinen wahren Selbstwert kaputt machen oder auch nur ankratzen. Das ist von außen schlicht unmöglich.

Die Abgrenzung vom inneren Antreiber

- Du musst nicht in Ordnung gebracht werden, damit du etwas Besseres sein kannst.
- Die Ansichten anderer Menschen, wie du sein solltest, haben nichts mit dir zu tun. Du kannst diese Ansichten einfach stehen lassen.
- Lass los, wie du sein *solltest*. Lass los, wie die anderen sein *sollten*.
- Jedes Sollte, jedes Müsste ist ausgedacht. Reinste Fantasy.
- Ändere das, was du ändern willst – ohne dich selbst oder andere Menschen anzutreiben.
- Du kannst deinen Wert nicht durch Leistung und auch nicht durchs Gut-Sein beweisen. Du bist wertvoll, von Anfang an und für immer.
- Komm raus aus dem engen Gefängnis des Funktionierens.
- Distanziere dich vom Müssen: vom Erfolgreich-sein-müssen, vom Perfekt-sein-müssen, vom Dich-um-alles-kümmern-müssen.

- Du kannst dir immer wieder erlauben, ohne Mühe durch den Tag zu fließen, statt dich unter Druck zu setzen.
- Mach öfter am Tag Spaßpausen. Kleine Auszeiten, in denen du deine Freude am Dasein verfeinerst. Achte in dieser Zeit auf alles, was dir guttut, was dich zum Lächeln bringt. Such aktiv nach dem kleinen Spaß am Rande.
- Wenn es hoch hergeht und du von deinen Pflichten erdrückt wirst, erlaube dir zwischendurch, fünf Minuten lang nichts zu tun. Einfach nur da zu sein. Entspanne dich in dein wahres Ich hinein. Womöglich kommst du auf neue Gedanken.
- Sei öfter wie ein Kind, das staunend die Welt erkundet. Erlaube deiner Fantasie, sich auszutoben, und finde jeden Tag etwas, das dich begeistert.

Die Abgrenzung vom inneren Sorgenmacher

- Wenn du dich ängstlich fühlst, heißt das nicht, dass etwas Schlimmes passieren wird.
- Erzählt dir etwa dein ängstlicher Sorgenmacher, dass etwas schlecht ausgeht oder schlimm wird? Entscheide dich, ob du das erleben willst. Wenn nicht, dann löse dich vom Sorgenmacher. Stell dir vor, wie es wäre, wenn die Sache gut ausgeht.
- Sich Sorgen machen ist nicht Liebe. Es ist Angst.
- Achte darauf, dass du deinen Sorgenmacher nicht groß und stark machst, indem du dir ständig Angstnachrichten und Horrorfilme anschaust.
- Dein wahres Ich vertraut dem Leben. Es weiß, dass du mit allem klarkommst, was du erlebst.

- Das Leben trägt dich. Das tut es immer. Du achtest nur nicht immer darauf.
- Bleib bei dem, was jetzt da ist. Ohne Gedanken an die Zukunft ist dieser Moment unkompliziert.
- Du weißt nicht, was passieren wird. Und diese Ungewissheit ist vollkommen okay.
- Dabei bist du offen für alles, besonders für das Wunderbare.

Du bist größer als die Quälgeister im Kopf

Vielleicht hast du dich viele Jahre lang an das alte Quälgeister-Denken gewöhnt. Das, was dein Kritiker, dein Antreiber und der Sorgenmacher bisher gesagt haben, war für dich die Wahrheit. Und du dachtest, dass du das bist, was da in deinem Kopf redet. Aber es waren nur die Quälgeister-Gedanken, mit denen du verschmolzen warst und an die du geglaubt hast.

Wenn du darüber nachdenkst, fällt dir auf, dass dieser quälende Gedankenstrom nicht ständig in deinem Kopf war. Zwischendurch tauchte auch dein wahres Ich auf. Und von dort kamen wohltuende, konstruktive Gedanken.

Immer wenn du mit deinem wahren Ich verbunden bist, gehst du mit dir und anderen Menschen freundlich um. Du bist verständnisvoll. Du beruhigst deine Leute, wenn sie hektisch werden. Du siehst in den Dingen, die schiefgegangen sind, auch das Positive. Du kannst dich und andere motivieren, aufbauen, trösten. Wenn du mit diesem liebevollen Teil deiner Persönlichkeit verbunden bist, machst du dir Gedanken, die dich stärken und unterstützen.

Und dein wahres Ich kann noch mehr: Es kann die Teile der

Persönlichkeit an die Hand nehmen, die auf dem Fundament der Angst stehen. Das sind deine alten Quälgeister, der Kritiker, der Antreiber und der Sorgenmacher. Anders gesagt: Du bist größer und weiser als deine Quälgeister.

Das wahre Ich nimmt den Kritiker, den Antreiber und den Sorgenmacher an die Hand.

Alles, worum es jetzt und in Zukunft geht, ist, dass du die täglichen Herausforderungen und die Baustellen deines Lebens selbst übernimmst und sie nicht den Quälgeistern überlässt.

Was bedeutet das genau? Du machst dir Gedanken, die dir guttun. Absichtlich. Am besten zu jedem Thema oder Problem, auf dem die Quälgeister herumreiten.

Das nachfolgende Arbeitsblatt hilft dir, die Lieblingsthemen deiner Quälgeister aktiv selbst zu übernehmen. Zu jedem Problem entwickelst du neue, passende Gedanken. So findest du deine eigene wohltuende Einstellung zu dem, worüber sich die Quälgeister bisher beklagt haben. Damit du dir diesen Prozess besser vorstellen kannst, habe ich ein Beispiel von mir eingetragen.

Mein Tipp

Fang mit kleinen Problemen an. So kannst du dich daran gewöhnen, auf neue Gedanken zu kommen. Und zerlege die großen Brocken, wie beispielsweise das negative Denken über deine Beziehung, Arbeit, Geld oder Gesundheit, in kleine, übersichtliche Portionen.

Arbeitsblatt:
Finde deine neuen, wohltuenden Gedanken

Das ist die Herausforderung. **Das ist das Problem. Das stört mich.** **(Beschreibe, was dich belastet.)**	**Das sind die typischen Gedanken des Kritikers, des Antreibers und des Sorgenmachers zu diesem Thema.** **(Notiere die Gedanken, die dich stressen, runterziehen, ängstigen oder ärgern.)**	**Das sind meine freundlicheren, wohltuenden Gedanken zu diesem Thema.** **(Notiere für dich passende Gedanken, die du wirklich glaubst. Gedanken, die für dich erleichternd oder beruhigend sind.)**
Ich habe morgen zu viel zu tun. Ich will das neue Manuskript schreiben, aber da sind dringende Sachen, die ich anderen versprochen habe.	Zu blöd! Ich sollte keine Versprechen abgeben, wenn ich so viel zu tun habe. Das werde ich niemals alles schaffen. Ich bin zu konfus. Ich hasse diesen blöden Kleinkram.	Ich fange mit dem an, was wichtig ist. Ich erledige das, was ich schaffe. Eins nach dem anderen. Ich kann jedes Versprechen rückgängig machen. Ich kann in Ruhe und fokussiert die Dinge erledigen. Es ist okay, nicht alles zu schaffen. Ich muss nicht hetzen.

Du erinnerst dich noch an den Anfang dieses Kapitels, an die Rede Buddhas über den zweiten Pfeil, mit dem wir uns selbst verletzen?

Dieser zweite Pfeil bestand nur aus schmerzhaften Gedanken, an die wir geglaubt haben. Wir dachten, es wäre unser Ich, das in unserem Kopf die Wahrheit sagt. Dabei waren es nur der innere Kritiker, der Antreiber und der Sorgenmacher, die sich gegenseitig die Bälle zuwarfen. Drei Teile unserer Persönlichkeit, die auf dem Fundament der Angst stehen. Jetzt wissen wir, dass wir dazu Nein sagen können. Wir können aufhören, uns durch unsere Gedanken selbst zu verletzen.

3
Wie du souverän Nein sagst, ohne dich aufzureiben

In diesem Kapitel des Buches zeige ich dir erprobte rhetorische Strategien, die dir helfen, dein Nein auszudrücken. Ich fange mit den einfachen Gesprächsstrategien an – für das schnelle Nein zwischendurch. Danach zeige ich dir, wie du mit den Turbulenzen beim Neinsagen selbstsicher umgehen kannst.

Die Angelegenheiten anderer Leute und was du damit zu tun hast

Ich gebe gern praktische und alltagstaugliche Tipps. Dazu gehören auch Formulierungen, also die konkreten Worte, mit denen du das sagen kannst, was dir wichtig ist. Meine Vorschläge dienen nur dazu, dich zu inspirieren, falls du hin und wieder sprachlos bist. Letztendlich geht es darum, dass du deine eigenen Worte findest, die für dich stimmig sind.

Dein Nein ist eine vollständige Antwort.

Lass uns mit der ersten rhetorischen Strategie starten. Eine Strategie, die von vielen unterschätzt wird, weil sie so einfach ist. Schon kleine Kinder können das: Einfach nur Nein sagen. Dein Nein zählt und oftmals reicht es aus. Mehr musst du nicht sagen.

Grenzen setzen: Die einfachste Gesprächsstrategie der Welt

Indem du nur Nein sagst, antwortest du auf eine Frage, ein Angebot oder eine Zumutung.

- Du sagst (oder schreibst) nur »Nein«, ohne weitere Zusätze.
- Wenn du magst, fügst du das Wort »danke« hinzu: »Nein, danke.«
- Du musst dein Nein nicht erklären, nicht rechtfertigen, nicht umschreiben.
- Du musst dich dafür nicht entschuldigen oder um Verständnis betteln. Mit deinem Nein ist alles gesagt.
- Wenn dein Nein nicht akzeptiert, respektiert oder verstanden wird, wiederholst du es: »Nein.«
- Und falls dein Nein wieder nicht akzeptiert, respektiert oder verstanden wird, wiederholst du es noch einmal: »Nein.« Dabei kannst du ruhig und gelassen bleiben. So zeigst du deinem Gegenüber, dass du bereit bist, dieses Nein unendlich oft zu wiederholen, ohne dich dabei aufzuregen. An deinem Nein kommt niemand vorbei.

Ein paar Beispiele für diese einfachste Gesprächsstrategie:

»Ich kann Ihre neuen Schuhe gleich hier für Sie imprägnieren.«

»Nein danke.«

»Sie wissen, dass Nässe und Regen diesem Leder schaden können. Das Imprägnieren dauert nur ein paar Sekunden.«

»Nein danke.«

»Du bist meine letzte Rettung. Manfred ist krank geworden. Kannst du am Wochenende für ihn einspringen?«

»Nein.«

»Oh, das kannst du mir nicht antun! Ohne dich bin ich aufgeschmissen. Komm schon, sag Ja.«

»Nein.«

»Du bist so einsilbig. Was ist los mit dir? Früher konnte ich mich immer auf dich verlassen. Für dich ist der Wochenenddienst doch ein Klacks.«

»Nein.«

»Du bist echt stur. Von dir kommt immer nur ein Nein. Ich habe dir doch nichts getan. Kannst du noch was anderes sagen?«

»Nein.«

Natürlich kannst du mehr sagen, wenn es für dich passend ist. Aber wenn du dich bedrängt fühlst oder einfach keine Lust hast, viele Worte zu machen, dann reicht das Wort »nein«. Damit hast du alles gesagt.

Mit deinem klaren Nein sagst du Ja zu dir selbst.

Jede Begründung, die du zusätzlich abgibst, ist ein Geschenk für dein Gegenüber. Ein Angebot von dir, damit die andere Person nachvollziehen kann, warum du Nein sagst.

Aber deine Begründung kann auch zu einer Munition werden, mit der dein Gegenüber dein Nein durchlöchert. Falls deine Begründung zerpflückt wird – hör auf, Geschenke zu machen. Gib keine Erklärung mehr ab. Bleib bei deinem puren Nein.

Du stehst zu deinem Nein, auch wenn die anderen dich nicht toll finden

Nehmen wir uns einen Moment Zeit, um den Tatsachen ins Auge zu schauen. Ganz nüchtern betrachtet: Dein Nein hat Folgen. Genauso wie dein Ja.

Mit deinem Nein kannst du andere Leute enttäuschen. Möglicherweise haben sich deine Mitmenschen daran gewöhnt, von dir einen bestimmten Service zu bekommen. Du hast ihnen gezeigt, wofür du zu haben bist. Du hast ihnen wortlos beigebracht, was bei dir geht, womit sie bei dir durchkommen.

Vielleicht hast du immer hinter deinen Leuten aufgeräumt. Oder dafür gesorgt, dass sie genügend Kaffee trinken konnten. Oder auf sie gewartet, wenn sie sich verspätet haben. Und du bist bisher immer gemeinsam mit ihnen in das Restaurant gegangen, in das sie gehen wollten. So was in der Art. Und jetzt kommt von dir ein Nein. Tja, da werden deine Leute erst einmal … fremdeln. Das ist für sie ungewohnt. Sie werden dir zeigen, dass sie es vorher besser fanden. Und nun?

Wir bringen unseren Mitmenschen bei, wo unsere Grenzen sind. Wir können ihnen auch zeigen, dass wir künftig stabilere, eindeutigere Grenzen setzen.

Rechne damit, dass andere deine Abgrenzung nicht automatisch toll finden. Denk daran: Wie jemand auf dich reagiert, was jemand über dich denkt, das ist nicht deine Sache. Das gehört zum Hoheitsgebiet der anderen Person.

Lass deinen Leuten ihre Reaktion. Du kannst das aushalten. (Falls nicht, schau dir die Schutzschildstrategie im Kapitel »Gut geschützt: Wie du mit den Macken der anderen gelassener fertig wirst« an.)

Vielleicht warst du bisher jemand, der ausgenutzt wurde. Wenn du Nein sagst, zeigst du, dass damit jetzt Schluss ist. Dass du dafür nicht mehr zur Verfügung stehst.

Diejenigen, die nur an dir interessiert waren, weil du ständig gegeben hast, weil du dich nicht abgegrenzt hast, kriegen jetzt nicht mehr das, was sie bisher bekommen haben. Sie gehen leer aus. Vielleicht bearbeiten sie dich, damit du wieder Ja sagst. Vielleicht wenden sie sich von dir ab und suchen nach neuen Opfern. Das zeigt nur, was eure Beziehung im Kern ausmachte.

Wenn solche Leute dein Leben verlassen, ist das für dich vielleicht schmerzhaft. Vor allem, wenn dir deine eigene Rolle dabei klar wird. Halte deinen inneren Kritiker da raus und mach dir keine Vorwürfe. Du hast keine »echten« Freunde verloren.

Dein Nein wird nicht überall auf Gegenliebe stoßen. Aber sehr oft wirst du für deine Abgrenzung bewundert und respektiert. Du bist jemand, bei dem andere wissen, woran sie sind. Jemand, der ehrlich ist. Ein Mensch, der Nein sagen und auf der Rückseite auch Ja sagen kann. Du stehst zu dem, was du willst, und dazu, dass du anderes nicht willst. Damit bist du für uns alle ein Vorbild.

Wenn jemand böse auf dich ist, weil du Nein gesagt hast, dann erlaube dieser Person, sich so zu fühlen, wie sie sich fühlt. Du bist nicht auf der Welt, um alle um dich herum immer glücklich zu machen.

Wie du Nein sagst, ohne das Wort in den Mund zu nehmen

Ich möchte dir das Neinsagen erleichtern. Deshalb kommt jetzt eine Strategie, die ohne das Wort »nein« auskommt. Sie gehört auch zu den einfachen Strategien, die du im Alltag sehr häufig einsetzen kannst. Es ist das Neinsagen durch eine Bitte. Statt etwas abzulehnen, bittest du um das, was du möchtest. Anhand einiger Beispiele wird deutlich, was ich meine:

- Dein vierzehnjähriger Sohn nimmt sein Mittagessen mit in sein Zimmer und isst dort, während er die Hausaufgaben erledigt. Leider bringt er die schmutzigen Teller nicht wieder zurück in die Küche. Er schiebt sie unter sein Bett. Statt mit einem Nein anzufangen und ihm zu erklären, dass du das so nicht willst, kannst du ihn um das Verhalten bitten, das du dir von ihm wünschst. Du bittest ihn, die dreckigen Teller in die Küche zu bringen.
- Dein Vorgesetzter hat die Angewohnheit, seinen Mitarbeiterinnen und Mitarbeitern Spitznamen zu geben. Dich nennt er bereits zum zweiten Mal: Bugs Bunny. Statt ihm das schweigend durchgehen zu lassen oder dich darüber aufzuregen, grenzt du dich mit einer Bitte ab. Du bittest ihn, dich mit deinem richtigen Namen anzusprechen.

Eine Bitte ist »leichter zu verdauen« als ein Nein. In ihr steckt keine Ablehnung. Du sagst dem oder der anderen nicht, was er oder sie falsch gemacht hat. Mit einer Bitte kritisierst du dein Gegenüber nicht. Deshalb ist die Bitte das kleine Nein für Zwischendurch.

Indem du um etwas bittest, gibst du dem anderen die Möglichkeit, dir problemlos entgegenzukommen.

Ohne großen Gesprächsaufwand bittest du deine Mitmenschen um das, was du dir wünschst.

Gesprächsstrategie: Bitten statt Nein sagen

- Überleg dir, wie du dein Nein in eine Bitte verwandeln kannst.
- Statt zu sagen »Nein, das will ich nicht« oder »Nein, tu das nicht«, bittest du dein Gegenüber um das, was du dir von diesem Menschen wünschst.
- Richte deine Aufmerksamkeit auf das, was für dich besser wäre. Formuliere deinen Wunsch als Bitte. Etwa so: »Bitte hör auf …« »Kannst du bitte …« »Könnten Sie mir bitte einen Gefallen tun, und zwar …«
- Vergiss nicht, dich zu bedanken, wenn dein Gegenüber dir entgegenkommt und das tut, worum du gebeten hast.

Die drei Schritte für alle, die ein weiches Herz haben

Kennst du diese Befürchtungen? Du lässt dich nicht ausnutzen – hast aber trotzdem Angst davor, dass dein Nein eine gute Beziehung oder eine Freundschaft belasten könnte? Du verstehst dich gut mit diesem Menschen. Und wenn du jetzt Nein sagst, könnte die Beziehung einen Knacks bekommen. Der oder die andere zieht sich vielleicht zurück und es ist nicht mehr so wie früher. Die Beziehung wird … kälter. Das willst du natürlich nicht und deshalb fällt dir das Neinsagen schwer.

Oder du bist von Haus aus sehr mitfühlend. Du kannst dich gut in andere hineinversetzen. Wenn du Nein sagst, könnte der oder die andere traurig sein. Du möchtest diesem Menschen die Enttäuschung, die Abfuhr ersparen, weil du dieses traurige Gefühl selbst gut kennst. Du leidest mit, wenn dein Gegenüber enttäuscht ist.

Falls etwas davon auf dich zutrifft oder du dich in beidem wiederfindest, kommen hier zwei Strategien, die dir helfen, dein Nein abzupuffern. Du sagst immer noch klar Nein. Aber du verbindest dein Nein mit einem Ja zu der Person und zu der Beziehung.

Der wichtigste Punkt dabei ist: deine Ehrlichkeit. Diese Strategien funktionieren, wenn du aufrichtig bist und wirklich das meinst, was du sagst. Dein Gegenüber wird merken, ob du ehrlich bist.

Du kannst Verständnis für jemanden haben und dennoch Nein sagen.

Zuerst brauchst du für dich selbst eine Erlaubnis. Um Nein zu sagen, musst du dein Verständnis für einen anderen Menschen nicht abstellen. Du kannst dir beides erlauben: dein Gegenüber ganz und gar verstehen und zu einer Absicht oder Anfrage dieser Person Nein sagen.

Hier sind einige Beispiele aus dem Alltag, bei denen es darum geht, den anderen zu verstehen und trotzdem Nein zu sagen:

- Du hast ein kleines Kind. Ihm ist langweilig. Du hast Verständnis dafür, dass sich dein süßer Schatz bewegen will. Und dennoch sagst du Nein zu ihm, wenn er versucht, an der Regalwand im Wohnzimmer hochzuklettern.
- Du liebst deine Partnerin innig. Du verstehst, dass dieser geliebte Mensch gern ungewöhnliche Sachen beim Essen

ausprobiert. Dennoch sagst du Nein, wenn sie mit dir ein Scharfe-Chillischoten-Wettessen veranstalten will.

- Auch wenn dich mit deinem Kumpel eine langjährige Freundschaft verbindet und du wirklich verstehst, dass er Urlaub braucht – kannst du Nein sagen, wenn er sich deine Ersparnisse leihen will, um zum Surfen nach Hawaii zu fahren.

Du kannst dir dein Mitgefühl und dein weiches Herz erlauben. Das macht dich nicht schwach. Im Gegenteil: Dein Mitgefühl, dein Verständnis für andere Menschen machen dich stark. Aber du hast auch Mitgefühl mit dir selbst. Du hast Verständnis für dich und deine Grenzen.

In den beiden Gesprächsstrategien, die jetzt kommen, ist gleichzeitig eine Art Beziehungspflege eingebaut. Du verstehst den anderen oder zeigst deine Wertschätzung, während du zu einer konkreten Sache Nein sagst. Bitte vergiss nicht: Sei dabei ehrlich. Wenn du kein Verständnis für den anderen hast oder keine Wertschätzung empfindest – sag das nicht. Nimm eine andere Strategie.

Dein weiches Herz braucht eine gute Abgrenzung, damit es nicht verhärtet, sondern weich bleiben kann.

Gesprächsstrategie: Verständnis zeigen und Nein sagen in drei Schritten

- **Schritt eins: Wenn in dir ein Nein aufsteigt, nimm es ernst.** Erlaube dir, dein Nein zu fühlen, und mach dir klar, warum du etwas nicht willst oder ablehnst. Und gleichzeitig kannst du es dir erlauben, Verständnis für dein Gegenüber zu haben. Du musst dein Mitgefühl nicht abstellen.

- **Schritt zwei: Du kombinierst ein Ja mit einem Nein.** Du hast Verständnis für den Wunsch deines Gegenübers und du erfüllst seinen Wunsch nicht. Du zeigst Verständnis dafür, dass sich der oder die andere so benimmt, und du grenzt dich von diesem Verhalten ab. Dein Verständnis für die andere Person hält dich nicht davon ab, Nein zu sagen.
- **Schritt drei: Im Gespräch oder in der E-Mail drückst du beides aus.** Sei dabei konkret. Klär für dich: Was genau verstehst du? Wofür genau hast du Verständnis? Und dann sag deutlich, wofür du Verständnis hast und wozu du Nein sagst. Entschuldige dich nicht dafür. Wenn es für dich passt, erklär dein Nein. Etwa so: »Es leuchtet mir ein, dass du jemanden suchst, der deine Fälle (Akten/Vorgänge) übernimmt. Das würde ich auch so machen. Ich stehe dafür nicht zur Verfügung. (Ich mach das nicht.) Ich habe zurzeit mit meinen Sachen mehr als genug zu tun.«

Beides in Worte fassen: Verständnis zeigen und sich abgrenzen

Manche kommen anfangs in Stottern, weil sie nicht sofort wissen, wie sie ihr Verständnis mit dem Nein verbinden können. Im Coaching oder im Trainingsseminar üben wir diese Strategie, bis die Worte fließend und natürlich rüberkommen. Wichtig ist dabei, dass du deine eigene Ausdrucksweise findest und so redest (oder schreibst), wie du es normalerweise tust.

Eine weitere Gesprächsstrategie, die ich dir ans Herz legen möchte, ist das wertschätzende Neinsagen. Du verbindest das Nein mit Wertschätzung und Anerkennung für die andere Person.

Auch hier geht es darum, beides in Worte zu fassen: dein Nein zu der konkreten Sache, um die es geht. Und dein generelles Ja zu dieser Person. Auf der Beziehungsebene sendest du ein Ja und auf der Sachebene ein Nein. Das Ganze geht auch in drei Schritten.

Gesprächsstrategie: Wertschätzung ausdrücken und Nein sagen in drei Schritten

- **Schritt eins: Du merkst, dass du Nein sagen willst.** Gleichzeitig liegt dir etwas an deinem Gegenüber. Dieser Mensch ist dir wichtig.
- **Schritt zwei: Fang mit der Wertschätzung an.** Überleg dir, was du für die andere Person empfindest. Vielleicht hast du ihr das noch nie wirklich gesagt. (Falls du unsicher bist, übe es in Ruhe für dich allein – bis du die passenden Worte gefunden hast.) Und dann überleg dir, wozu du Nein sagst oder wovon du dich abgrenzen willst.
- **Schritt drei: Drück beides klar aus.** Sag dem oder der

anderen, dass du ihn oder sie magst, liebst, wertschätzt, gern mit ihm oder ihr zusammen bist. Und im nächsten Satz machst du deutlich, wozu du Nein sagst. Wenn es für dich richtig und wichtig ist, kannst du dein Nein begründen. Zum Beispiel so: »Ich unternehme gern was mit dir. Du bist mein bester Freund. Wir kennen uns schon so lange. Zusammen Fallschirmspringen? Nein, da mach ich nicht mit. Dazu wirst du mich nicht überreden können. Weil ich niemals aus einem Flugzeug springen werde.«

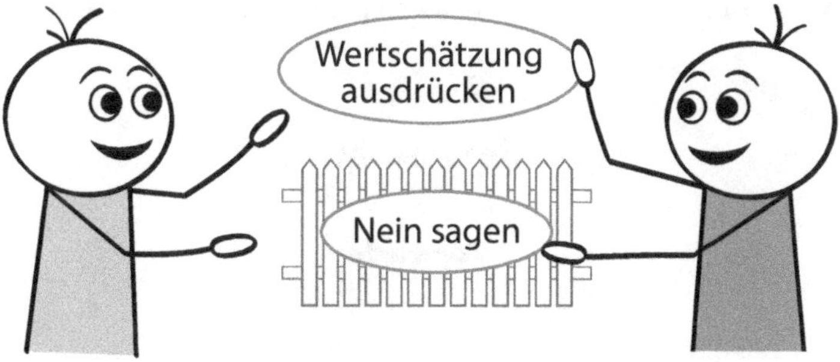

Beide Aussagen miteinander verbinden:
Wertschätzung ausdrücken und Nein sagen

Die häufigsten Stolpersteine und Turbulenzen beim Neinsagen

Die Quälgeister und ihr negatives Denken sind das häufigste Hindernis in der Kommunikation. Wenn sie das Wort ergreifen und wir ungefiltert alles aussprechen, was wir normalerweise nur denken, wird es stressig.

Nehmen wir mal den inneren Kritiker. Seine Spezialitäten sind Herabsetzungen bis hin zum Hass. Er greift an und verteilt Schuld. Da er auf dem Fundament der Angst steht, meldet er sich sofort zu Wort, wenn wir verunsichert sind, uns missverstanden oder angegriffen fühlen. Wenn wir nicht aufpassen, übernimmt er die Kommunikation.

Der innere Kritiker, aber auch der Antreiber und der Sorgenmacher produzieren Gesprächskiller. Das sind Formulierungen, die die Kommunikation sabotieren und einen Streit heraufbeschwören. Lass die nachfolgenden Worte auf dich wirken. Wie würdest du dich fühlen, wenn jemand so mit dir redet?

Typische Gesprächskiller

Vorwürfe

- »Wie kannst du nur ...!?«
- »Hauptsache, dir geht es gut. Was aus mir wird, interessiert dich kein bisschen.«
- »Deinetwegen habe ich immer zurückgesteckt und jetzt kommst du mit ...«

Schuldzuschreibung

- »Du bist schuld daran, dass ich ...«
- »Deinetwegen habe ich das alles auf mich genommen und wie dankst du mir das?«
- »Ich will nur ein kleines bisschen Freiraum und du verdirbst mir das.«

Druck machen

- »Jetzt pass mal auf, Freundchen. Hier wird sich für dich einiges ändern. Du wirst in Zukunft …«
- »So geht das nicht weiter. Du musst endlich einsehen, dass …«
- »Ich hab dir das schon so oft gesagt: Du musst dich anstrengen und mir entgegenkommen.«

Jammern

- »Ich halt das nicht mehr aus. Immer muss ich … und nie werde ich dafür …«
- »Alle wollen immer nur was von mir, aber niemand nimmt Rücksicht auf mich.«
- »Ich kann nicht mehr. Du saugst mich aus. Und ich geh dabei kaputt.«

Herabsetzungen

- »Sag mal, sitzt du auf deinen Ohren? Wie oft muss ich dir das noch erklären?«
- »Wie kann man nur so blöd sein?!«
- »Immer stellst du dich quer.«
- »Du bist der Inbegriff eines Egoisten.«
- »Was bist du denn für eine Bitch?!«

Diese Gesprächskiller lösen wahrscheinlich bei dir und bei allen anderen Menschen eine Reaktion aus: Widerstand. Auch wenn unser Nein sachlich komplett richtig und angemessen ist – wenn wir unsere Quälgeister aus unserem Mund sprechen lassen, wird sich unser Gegenüber dagegen wehren. Es fühlt sich angegriffen. Und so entsteht schnell ein handfester Streit.

Es gibt einen Grund, warum beim Neinsagen diese Gesprächskiller häufig auftauchen. Diesen Grund kannst du verstehen, wenn du überlegst, warum du Nein sagst.

Du willst dich abgrenzen? Weshalb? Weil es etwas gibt, das du nicht willst. Etwas, das dich stört, oder etwas, das du nicht magst. Aber genau diese Momente bringen deinen inneren Kritiker in Wallung. Gut möglich, dass er in deinen Gedanken schimpft, verurteilt, beschuldigt. Und wenn seine Denkweise aus deinem Mund kommt, kann das so klingen: »Sag mal, spinnst du? Du isst dein eklig stinkendes Käsebrot in unserem engen Büro!! Und ich krieg hier das Würgen, weil ich den Gestank nicht ertragen kann. Du bist sowas von rücksichtslos! Deinetwegen kann ich hier nicht arbeiten.«

Niemand benutzt die Gesprächskiller mit Absicht. Sie kommen unwillkürlich aus unserem Mund, wenn der innere Kritiker bestimmt, was wir sagen.

Möglicherweise wird der oder die Käsebrot-Liebhaber(in) genauso aufgebracht antworten. Das Ganze ist keine wirksame Abgrenzung. Es ist ein Streit. Und bei jedem Streit besteht die Gefahr, dass auf beiden Seiten die Quälgeister ungehemmt das Ruder übernehmen und ihre Attacken laut aussprechen. Das kann sehr verletzend sein. Die eigentliche Absicht, nämlich sich abzugrenzen oder Nein zu sagen, geht vollkommen verloren.

Genau deswegen ist es wichtig, dass du deine Quälgeister bewusst wahrnimmst und dich von ihnen abgrenzen kannst. Denn nur so kannst du dein Nein souverän ausdrücken, ohne dabei einen Streit anzuzetteln.

Mein Tipp

Bevor du zu deinem Gegenüber Nein sagst (oder es schreibst), mach einen kurzen Check bei dir selbst. Werde dir bewusst, welche Gedanken dir durch den Kopf gehen:

- Schimpfst du gerade?
- Regst du dich auf?
- Ärgerst du dich?
- Anders gefragt: Wird dein Denken von deinem inneren Kritiker oder vom Antreiber beherrscht?

Wenn dir deine Quälgeister bewusst sind, kannst du aus diesem Gedankenstrom aussteigen. Du weißt, wie das geht:

- Begrüß sie freundlich und bedanke dich dafür, dass sie dich informieren.
- Atme tief ein und aus und lass diesen Gedankenstrom los. Lass den Ärger in dir abklingen.
- Und dann überleg dir, wie du deine Abgrenzung verletzungsfrei ausdrücken kannst.

Du kannst mit den wirksamen Strategien in diesem Buch Nein sagen, ohne dass dein innerer Kritiker dir seine Worte in den Mund legt. Du kannst dich wirksam abgrenzen, ohne die Gesprächskiller zu benutzen.

Die nützliche Vorbereitung: So wird dein Nein noch wirksamer

Es gibt Abgrenzungen, die für dich und dein Gegenüber sehr wichtig sind. Dabei geht es oftmals um sehr grundlegende Dinge, wie etwa finanzielle Investitionen, das Zusammenleben, die Erziehung und Betreuung der Kinder, die eigene Gesundheit und Ähnliches.

Wenn du vor so einem wichtigen Nein stehst, willst du, dass das Gespräch für dich und die andere Person funktioniert. In solchen Fällen empfehle ich eine gründliche Vorbereitung. Sie muss nicht lange dauern. Wenn du geübt bist, ist das eine Sache von wenigen Minuten. Falls diese Vorbereitung für dich neu ist, kann es etwas länger dauern. Aber es lohnt sich auf jeden Fall. Sich vorzubereiten, hat für dich fünf Vorteile:

- Du strahlst mehr Stabilität aus.
- Du redest überzeugender.
- Dein Tonfall ist gefasster, ruhiger und entschlossener.
- Du verhinderst, dass dein innerer Kritiker das Wort ergreift und das Gespräch gegen die Wand fährt.
- Du findest die richtigen Worte. Die Worte, die für dich stimmig sind und die auch zu deinem Gegenüber passen.

Für die Vorbereitung kannst du dir einige Fragen stellen. Und falls dein Gespräch oder die E-Mail für dich sehr wichtig sind, notiere dir deine Antworten. Durch das Aufschreiben hältst du das fest, was für dich bedeutsam ist. Du prägst es dir ein und erzeugst damit für dich mehr Kraft.

Arbeitsblatt: Wie du das Neinsagen vorbereitest

Warum möchtest du Nein sagen oder dich abgrenzen?	Notiere hier deine Gründe.
Was sind für dich die passenden Worte, mit denen du Nein sagst?	Notiere verschiedene Formulierungen, mit denen du dich wohlfühlst.
Kannst du die andere Person verstehen und dein Verständnis in Worte fassen? Empfindest du Wertschätzung für die andere Person, liegt dir etwas an der Beziehung und wie würdest du das sagen?	Notiere, mit welchen konkreten Worten du dein Verständnis ausdrückst. Oder wie du deine Wertschätzung formulierst.

Schau dir vor dem Kontakt mit der anderen Person noch einmal deine Vorbereitung an. Hast du das, was du sagen willst, in klare Worte gefasst?

Manchmal verlaufen die Gespräche verwirrend oder drehen sich im Kreis, weil jemand ständig um den heißen Brei herumredet, also nicht auf den Punkt kommt. Lass nicht zu, dass dein Gegenüber bei dir zwischen den Zeilen heraushören muss, was du eigentlich sagen willst. Formuliere deine Abgrenzung oder dein Nein in kurzen, klaren Sätzen. Keine vagen Andeutungen, sondern präzise Aussagen.

Wichtig ist, dass du fest davon überzeugt bist, dass du das Recht hast, Nein zu sagen. Dein Überzeugt-Sein sorgt dafür, dass du stabil wirkst. Ich möchte dir hier zwei Strategien vorstellen, die dir das Neinsagen erleichtern. Beide bauen aufeinander auf. Die erste Strategie unterstützt deine selbstsichere Ausstrahlung. Mit der zweiten Strategie verhinderst du einen Streit beim Neinsagen.

Gesprächsstrategie: Wie du dir das Neinsagen oder das Abgrenzungsgespräch erleichterst

- Strahle Selbstbewusstsein aus: Geh in eine aufrechte, würdige Körperhaltung. Sitz oder steh gerade mit langem Rücken, ohne die Arme oder die Beine zu verknoten. Fummel nicht nervös an deiner Kleidung oder an anderen Dingen (Schmuck, Armbanduhr, Haaren) herum.
- Sprich mit ruhiger Stimme. Komm gleich auf den Punkt – nicht herumdrucksen.
- Sorge dafür, dass sich dein innerer Kritiker nicht in das Gespräch einmischt. Sprich ohne Drama, ohne Anklage, ohne Kampfattitüde.
- Sprich dein Nein oder deine Abgrenzung total gelassen aus, so als würdest du deinem Gegenüber das aktuelle Datum und die Uhrzeit nennen.
- Erlaube deinem Gegenüber seine Reaktion. Es ist vollkommen okay, wenn der oder die andere emotional wird, dagegen ist und versucht dich umzustimmen. Du kannst beharrlich dein Nein wiederholen, wenn es nicht gleich verstanden oder akzeptiert wird.
- Vielleicht ist es für dich passend, deinem Gegenüber zu erklären, warum du Nein sagst oder dich abgrenzt. Wenn der andere oder die andere weiß, was bei dir los ist, kann das eure Beziehung verbessern. Aber achte darauf: Du bettelst

nicht um Verständnis. Du kannst Nein sagen oder dich abgrenzen, auch wenn dein Gegenüber kein Verständnis für dich hat.

Gesprächsstrategie: Wie du beim Neinsagen Streit verhinderst

- Achte darauf, in welcher Stimmung du bist. Du bist sehr viel wirksamer und überzeugender, wenn du ganz bewusst von deinem inneren Fundament der Angst heruntersteigst.
- Stell dich auf das Fundament der Liebe, der Verbundenheit und der Wertschätzung. Dort bist du mit deinem wahren Ich verbunden. Und deine Quälgeister haben Sendepause. Von deinem wahren Ich aus ist es für dich leichter, ruhig zuzuhören und in einem entschlossenen Tonfall zu sprechen.
- Du bist in der Lage, dich in die andere Person hineinzuversetzen, ohne dabei deine Interessen, deine Abgrenzung aus den Augen zu verlieren.
- Drück dein Nein, deine Abgrenzung in klaren Sätzen aus, ohne lange herumzureden.
- Wenn dein Nein nicht akzeptiert wird, denk daran: Der Standpunkt der anderen Person tut dir nichts. Du musst nicht blitzschnell dagegen ankämpfen.
- Hab Geduld. Manches lässt sich nicht in einem Rutsch verändern. Sei bereit, mehrere Gespräche zu führen.
- Wenn es »hässlich« wird, wenn zu viel Angriffsenergie bei dir oder bei deinem Gegenüber entsteht, brich das Gespräch ab, bevor ihr euch gegenseitig mit Worten verletzt. Ihr könnt das Gespräch oder den E-Mail-Kontakt weiterführen, wenn ihr euch beide beruhigt habt.

- Du lässt dich vom Widerstand des anderen nicht aus der Bahn werfen. Es ist okay für dich, beharrlich bei dem zu bleiben, was du willst – ohne dich aufzuregen.

So kannst du dich vom inneren Kritiker anderer Leute abgrenzen

Dir ist der innere Kritiker bewusst, der durch deine Gedanken geistert? Dann bist du sehr gut gewappnet. Du kannst diesen Quälgeist auch bei deinen Mitmenschen erkennen. Wenn dein Gegenüber dich angreift, dich verurteilt, dich mit Worten verletzt, dann weißt du, wer da spricht.

Du erkennst den inneren Kritiker überall, wo er sich zu Wort meldet. Zum Beispiel in den aggressiven hasserfüllten Kommentaren, die manchmal in den sozialen Medien gepostet werden. Du hörst ihn in den Reality Shows, wenn sich die Beteiligten in dramatischen Kämpfen gegenseitig runtermachen.

Innere Kritiker, die nach außen hin laut werden, bewirken vor allem eines: Sie triggern den inneren Kritiker anderer Leute. Das geschieht auf zwei Arten: mitmachen oder dagegen ankämpfen.

Fangen wir mit dem Mitmachen an. Zwei innere Kritiker geben sich gegenseitig die Hand und machen gemeinsame Sache. Das kann so aussehen: Nehmen wir mal an, dein Gegenüber beschwert sich über etwas. Zum Beispiel über einen Nachbarn, über die Politik, das Gesundheitssystem, den Straßenverkehr. Und dein Kritiker ist der gleichen Meinung und stimmt dem zu. Die beiden Kritiker sind sich einig und dein eigener Kritiker macht bei der Beschwerde des anderen mit.

Das kann zwei Menschen verbinden, weil beide Kritiker sich gegenseitig stärken. Manche Menschen kommen nur deshalb gut miteinander aus, weil sie sich fast immer auf diesem Kritiker-Beschwerde-Niveau unterhalten: Einer ist empört und schimpft. Die andere Person stimmt zu und macht mit. Dadurch entsteht das Gefühl, stark zu sein: »Wir sind uns einig, weil wir zusammen über die gleichen Sachen schimpfen.«

Aber es kann auch sein, dass der innere Kritiker deines Gegenübers dich ins Visier nimmt und angreift, zum Beispiel weil du dich in einer Sache, die der andere von dir wollte, abgegrenzt hast. Die Kritikerattacke deines Gegenübers ist vor allem eines: Sie ist schmerzhaft.

So gehst du gelassen mit Attacken um

Keine Sorge. Damit kannst du umgehen, ohne die Nerven zu verlieren.

Ich möchte dir hier ein paar Tipps geben, die dir in dreifacher Weise helfen:

Innere Kritiker können direkt aggressiv angreifen. Sie können aber auch jemanden attackieren, indem sie sich über die Person lustig machen.

1. Du bleibst auf Distanz und verwickelst dich nicht in die Kritikerattacke.
2. Du sinkst nicht auf das gleiche Niveau, auf dem dein Gegenüber gerade gelandet ist.
3. Du bewahrst einen kühlen Kopf und damit die Fähigkeit, ruhig und sachlich weiterzureden.

Die besten Tipps, um gelassen zu bleiben, wenn du attackiert wirst

- **Bleib in deinem Hoheitsgebiet.**
  Denk daran: Du bestehst nicht nur aus einem inneren Kritiker. Genauso wenig besteht die andere Person nur aus einem inneren Kritiker. Genauso wie du hat dein Gegenüber auch ein wahres Ich, das leider im Moment nicht zu Wort kommt. Du bist nicht zuständig für den inneren Kritiker anderer Leute. Du hast nur die Verantwortung für das, was du denkst und sagst. Du bist für deinen inneren Kritiker zuständig. Was ein anderer denkt und sagt, gehört zum Hoheitsgebiet dieser anderen Person.

- **Kümmere dich um deinen eigenen inneren Kritiker.**
  Durch die Kritikerattacke von außen wird dein eigener innerer Kritiker getriggert, also gereizt. Du kannst das sehr deutlich fühlen. Du wirst ärgerlich oder fühlst dich in die Ecke gedrängt. Es besteht die Gefahr, dass dein eigener Kritiker zum Gegenschlag ausholt und bei dir die Wortwahl bestimmt. Zwei innere Kritiker, die sich gegenseitig bekämpfen, sorgen vor allem für eines: seelisches Leid auf beiden Seiten. Diese Eskalation kannst du stoppen. (Eine konkrete Methode, mit der du deinen eigenen Ärger in den Griff bekommst, zeige ich dir im Kapitel »Wie du deinen Ärger für dich nutzen kannst«.)

- **Du – und nur du – bestimmst, worauf du dich einlässt.**
  Alle Kommunikation ist nur ein Angebot. Wenn das Kommunikationsangebot eines anderen Menschen für dich

schädlich, verletzend oder fies ist, kannst du die Annahme verweigern. Du musst dich nicht darauf einlassen.

- **Gib deinem Gegenüber eine kurze Rückmeldung darüber, dass dir die Attacke oder die Unsachlichkeit aufgefallen ist.**
  Zeig deinem Gegenüber, dass du nicht alles kommentarlos schluckst, was er/sie sagt oder schreibt. Mit einem kleinen Feedback markierst du das, was unpassend ist, etwa so: »Oh, das hört sich wie ein Angriff an.« Oder: »Das war jetzt unsachlich.«

- **Bring das Gespräch oder die E-Mail-Korrespondenz auf die sachliche Ebene.**
  Du kannst das Gespräch steuern. Sag klipp und klar, was du dir wünscht, beispielsweise mit diesen Worten: »Das ist mir wichtig. Ich schlage vor, wir beide bleiben sachlich.« Oder: »Ich möchte das Ganze gern in Ruhe und sachlich besprechen. Können wir uns darauf einigen?«

  Du benutzt das Wort »wir«, um zu zeigen, dass du beim Sachlich-Sein mitmachst. Du setzt dich ins gleiche sachliche Boot, in das du dein Gegenüber einlädst. Wichtig ist, dass du dich nicht in die Kritikerenergie deines Gegenübers hineinziehen lässt. Du bleibst gut abgegrenzt.

- **Versuch Ruhe und Souveränität auszustrahlen, wenn die Wellen hochschlagen.**
  Überleg, bevor du redest. Überprüfe deine Worte darauf, ob sie sachlich und angriffsfrei sind.

  Rede langsam. Versuch nicht, schnell und schlagfertig zu sein. Sprich in einem ruhigen Tonfall.

Wenn es geht, rede auch über etwas, das du beim anderen wertschätzt.

Wenn du eine selbstsichere Ruhe ausstrahlst und sachlich bleibst, kann sich der innere Kritiker bei deinem Gegenüber beruhigen.

- **Wenn du weiterhin attackiert wirst – mach einen letzten Check.**

  Falls dein Gegenüber weiterhin unsachlich ist, dich attackiert, dich missachtet, überprüfe diese drei Ursachen:

  Ist es möglich, dass sich dieser Mensch nicht mit dir auseinandersetzen will? Es kommt vor, dass Menschen nur schimpfen wollen, aber nicht wirklich ein Gespräch führen möchten. Sie brauchen nur jemanden, der alles abbekommt. Hier fehlt die Gesprächsbereitschaft. Mit Menschen, die kein Gespräch führen wollen, musst du nicht reden. Natürlich kannst du dein Gegenüber direkt fragen, ob es überhaupt mit dir reden will. Vielleicht bekommst du eine ehrliche Antwort.

  Überprüfe ebenso, ob du noch reden willst. Kann es sein, dass du die Nase voll hast und innerlich dicht gemacht hast? Deine innere Ich-hab-die-Nase-voll-Haltung strahlt nach außen hin ab. Gut möglich, dass der einzige Kontakt des oder der anderen zu dir nur noch über Unsachlichkeiten funktioniert. Darauf springst du noch an. Deshalb attackiert dich dein Gegenüber, damit du »im Spiel« bleibst. Ein Tipp: Sei ehrlich mit dir selbst. Dann kannst du auch nach außen hin ehrlich sein. Es ist okay, nicht zu reden. Vielleicht brauchst du eine Auszeit. Ein wenig Ruhe, um wieder klar denken zu können.

  Oder kann es sein, dass ihr euch beide total festgefahren

habt? Manchmal verbeißen sich Menschen in das unsachliche Hin und Her. Beide reagieren fast zwanghaft, was nichts bringt. Beide kämpfen, aber keiner fragt seine innere Weisheit um Rat, keiner steigt aus. Beende das. Sag oder schreib deinem Gegenüber, dass das Ganze so nicht funktioniert. Du kannst die Auseinandersetzung vertagen. In der Zwischenzeit wende dich an den weisen Teil deiner Persönlichkeit und schau dir diese Auseinandersetzung aus einiger Distanz, quasi von oben an. Mit ein wenig Abstand erkennst du, wo für dich noch Freiräume sind, welche Möglichkeiten du hast. Und du erkennst auch, was du nicht ändern kannst. Wenn ihr noch mal miteinander redet oder euch schreibt, fang mit der Spielregel »Bitte lass uns beide sachlich bleiben« an. Und halte dich in jedem Fall an diese Regel.

So bist du ein Vorbild für dein Gegenüber

Du kannst die gedanklichen Quälgeister anderer Leute nicht heilen oder sie davon befreien. Das können sie nur selbst tun. Aber du kannst andere Leute durch dein Verhalten, durch deine sachliche, ruhige Art beeinflussen. Deine Gelassenheit zeigt deinem Gegenüber: Schau, es ist auch möglich, ruhig zu bleiben und vernünftig über die Dinge zu reden. Dieses positive Klima, das von dir ausgeht, ist auch ein Trigger. Du triggerst das wahre Ich in deinem Gegenüber. Und das allein kann Wunder bewirken. Denn alle Menschen wünschen sich tief im Inneren, dass sie freundlich und respektvoll behandelt werden, besonders wenn sie mies drauf sind.

Wenn du denkst, der Mensch, mit dem du streitest, sollte anders sein, sollte sich anders verhalten, sollte anders mit dir reden – rate mal, wer dir diese Gedanken zuflüstert? Dein innerer Antreiber attackiert mit Soll-Vorschriften dein Gegenüber.

Gut geschützt: Wie du mit den Macken der anderen gelassener fertig wirst

Die Welt um uns herum und andere Menschen sind nicht so, wie wir sie gern hätten. Wir kriegen meistens ein gemischtes Programm serviert. Tolle Menschen mit ein paar Macken. Familien, die durchwachsen sind. Jobs, die ihre Schattenseiten haben. Kollegen, die alle Stufen der menschlichen Evolution repräsentieren.

Einiges von dem, was dich stört oder ärgert, kannst du verändern, anderes vielleicht auch nicht. Das Nervige oder Störende gibt es in fast allen Jobs, in Familien, Nachbarschaften und Freundeskreisen. Kurz gesagt: Das Störende oder Nervige ist Bestandteil des Lebens. Aber das heißt nicht, dass du darunter leiden musst. Du kannst dafür sorgen, dass du davon nicht ständig verletzt wirst. Das gelingt dir, indem du dich davor schützt.

Du kennst das aus dem Alltag. Es regnet schon seit Tagen. Du kannst das Regenwetter nicht ändern. Aber wenn du beschließt rauszugehen, musst du dich nicht nass regnen lassen. Du schützt dich vor dem Regen, indem du einen Schirm aufspannst. Es regnet weiter, aber die Tropfen treffen dich nicht.

Wie kannst du mit Menschen reden, die für dich schwierig sind? Am besten mit Schutzschild. Wenn du dich bewusst schützt, müssen es deine Quälgeister nicht tun.

Du kannst dich auch seelisch schützen – mit einem Schutzschild. Das funktioniert ähnlich wie ein Regenschirm, mit einem Vorteil: Deinen Schirm kannst du irgendwo liegen lassen und vergessen. Dein Schutzschild hast du immer bei dir. Es hilft dir dabei, das Nervige und Störende auf

Abstand zu halten. Dein Schutzschild sorgt dafür, dass es dich nicht trifft.

Ein Beispiel: Stell dir vor, du kommst aus einer Familie, die dich manchmal nervt. Jetzt bist du zu einem Familientreffen eingeladen. Du ahnst, dass es so ablaufen wird wie beim letzten Mal: Alle freuen sich, dich zu sehen. Und dann geht es los: Deine Geschwister werden dich piesacken, weil du an Gewicht zugelegt hast. Dein Vater lässt wieder durchblicken, dass er mit deiner Berufswahl nicht einverstanden ist. Deine Mutter fragt mit besorgter Stimme, ob du endlich jemanden gefunden hast, ob du in einer Beziehung bist. Sie meint, du wärst allmählich zu alt, um immer noch Single zu sein. Dein älterer Bruder nennt dich Loser. Für deine Mutter übersetzt er das mit dem Wort »Vollniete«.

Ja, du bekommst dort einiges zu hören, das dir nicht gefällt. Natürlich musst du nicht zu dem Familientreffen gehen. Du könntest generell Nein sagen und deine Familie nicht wiedersehen. Oder dort schlagfertig zurückschlagen und kämpfen, um deinen Selbstwert zu retten. Aber es gibt auch einen viel einfacheren Weg.

Er geht wieder in die Richtung, die ich so liebe: Du verbindest dein Ja zu deiner Familie mit einem Nein zu einigen ihrer Kommunikationsangebote. Das gelingt dir mit deinem Schutzschild.

Du bist so frei und nimmst alles Gute und Angenehme auf. Während du das Unpassende und Schräge unberührt bei denen lässt, die es produziert haben.

Du gehst zu dem Familientreffen. Das ist dein Ja. Ja, das ist deine Familie und die ist nun mal so, wie sie ist. Gleichzeitig lässt du nicht alles, was sie sagen, an dich herankommen. Das, was dich früher getroffen, was dich provoziert hat, prallt an deinem Schutzschild ab. Du nimmst es nicht auf, verstrickst dich nicht darin, läufst nicht damit herum. Das ist dein Nein – zu einigen Bemerkungen. Du musst dich nicht streiten. Und dich auch nicht verteidigen.

Alles Erfreuliche, wie zum Beispiel das gute Essen und die Gegenwart deiner Familie nimmst du dankbar an. Während alles Unangenehme durch deinen Schutzschild von dir ferngehalten wird.

Wäre das was für dich?

Ein Schutzschild kann dir natürlich auch im beruflichen Umfeld helfen. Stell dir vor, du machst gemeinsam mit ein paar Kollegen Mittagspause. Und eine Kollegin, die ansonsten ganz sympathisch ist, hat die Angewohnheit, dir ständig Ratschläge zu geben. Sie sagt dir, was du essen solltest, wie viel du essen solltest, welche Nährstoffe für dich richtig sind und was Gift für deinen Körper ist. Und diese Vorträge hält sie dir, während du versuchst, dein Mittagessen zu genießen. Natürlich könntest du generell Nein sagen, dich woanders hinsetzen oder die Kollegin bitten, über etwas anderes zu reden.

Die Schutzschild-Grundeinstellung lautet: Ich erlaube dir, so zu sein, wie du bist. Und ich erlaube mir, mich davon nicht treffen zu lassen.

Aber so viel Nein ist gar nicht nötig. Denn so eine Situation ist eine hervorragende Gelegenheit, deinen Schutzschild zu trainieren. Deine Kollegin darf zu dir sagen, was sie will. Schließlich leben wir in einem Land mit freier Meinungsäußerung. Und jede Kommunikation, alles, was die Kollegin sagt, ist nur ein Angebot. Ihre Kommentare zu deinem Essverhalten nimmst du nicht an. Sie prallen an deinem Schutzschild ab wie ein Pingpongball an einer Tischtennisplatte. Du bleibst dabei entspannt und locker. Und wenn es für dich passt, umspielt ein leises Lächeln deine Lippen. Keine

Anstrengung. Irgendwann wird die Kollegin still sein, weil sie von dir eine Reaktion erwartet.

Und was machst du?

Du bist frei, das zu tun oder zu sagen, was für dich passend ist. Vielleicht genießt du stumm dein Essen. Oder du redest über etwas, das dir Spaß macht, zum Beispiel über E-Bikes. Ja, du darfst das Thema wechseln. Und wenn du magst, kannst du auch erklären, warum du so reagierst. Du informierst sie über das Schutzschild, das du dir zugelegt hast. Vielleicht ist das auch für sie interessant. Aber versuch nicht, deine Kollegin zu überzeugen. Du brauchst ihre Zustimmung nicht.

Du bleibst offen für das, was angenehm, freundlich oder interessant ist.

Dein Schutzschild ermöglicht es dir, mit einem Ja und einem Nein gleichzeitig da zu sein. Du gehst in die Situation rein – das ist dein Ja. Du gehst in die Besprechung, nimmst an einer Diskussion teil, triffst dich mit einem Kunden oder Klienten. Und du schützt dich in dieser Situation vor dem, was dir nicht guttut. Alles, was dich provoziert, reizt oder verärgert, prallt an deinem Schutzschild ab.

Das Gute an deinem Schutzschild ist: Du kannst es aufbauen. Und du kannst es auch wieder ablegen. Du bestimmst, wann und wo du es nutzt.

Strategie:
So kannst du die Seltsamkeiten anderer Menschen auf Abstand halten

- **Dein Schutzschild entsteht mithilfe deiner Vorstellungskraft.**
  Stell dir vor, dass du hinter einer Plexiglasscheibe bist. Mach die Plexiglasscheibe so groß, wie du sie brauchst.

- **Die Energien und Gefühle anderer Menschen dringen nicht in dein System ein.**
  Du hörst und siehst alles. Aber das, was andere Menschen sagen, trifft dich nicht ins Herz. Es schlägt dir nicht auf den Magen. Du bist geschützt.

- **Dein Schutzschild wird stärker, je mehr du übst.**
  Trainiere das Geschütztsein in harmlosen, alltäglichen Situationen. Stell dir dein Schutzschild vor und geh damit in einen Supermarkt oder in die Bahn, den Bus, ein Restaurant, das Büro. Nur so, um zu üben. Vielleicht machst du eine interessante Entdeckung. Hinter deinem Schutzschild wirst du mutiger. Es fällt dir leichter, andere Menschen um etwas zu bitten. Auch wenn jemand Nein zu dir sagt, macht dir das nichts aus, weil du gut geschützt bist.

- **Achte darauf, dass du hinter deinem Schutz entspannt und locker bleibst.**
  Diese vorgestellte Plexiglasscheibe ist nicht schwer oder anstrengend. Deshalb bleiben dein Körper und dein Gesichtsausdruck entspannt. Das Leben tobt um dich herum. Dein Schutzschild sorgt dafür, dass dir nicht alles unter die Haut

geht. Du bist gut geschützt, wie bei einem Regenschauer unter einem Schirm.

Die Seltsamkeiten anderer Leute prallen am Schutzschild ab.

Vielleicht ist es anfangs merkwürdig, dass du dir so ein Schutzschild vorstellst. Aber mit ein wenig Übung wird es zu einer inneren Haltung, die du bewusst einnehmen kannst. Diese innere geschützte Haltung lässt sich am besten so beschreiben: Du lässt nicht alles, was da draußen passiert, dicht an dich herankommen. Wenn etwas für dich belastend oder schmerzhaft ist, bleibst du auf Distanz. So wie du bei einem Buffet auch auswählst, was du dir in den Mund steckst und was du liegen lässt. Du musst mit den Nahrungsmitteln, die du nicht magst, nicht kämpfen. Du musst auch nicht gegen sie protestieren. Sie tun dir nichts.

Du kannst aufhören, dich auf das schwierige Verhalten anderer Leute zu konzentrieren. Achte bei ihnen mehr auf das Wohltuende, Lustige oder Interessante.

Da draußen in deiner Welt gibt es manchmal etwas, das für dich unpassend, vielleicht sogar schädlich ist. Du kannst nicht alles Unpassende oder Schädliche abschaffen oder wegdiskutieren. Aber du musst diese Angebote auch nicht in deinen Kopf oder in dein Herz lassen. Du fokussierst sich auf das, was dir gefällt. Der Rest darf an dir vorbeiregnen.

Natürlich hat dein Schutzschild auch Grenzen. Genau wie ein Regenschirm. Der funktioniert nicht bei Sturmböen mit Starkregen. Wenn dich jemand missbraucht, beleidigt oder du körperlich angegriffen wirst – dann brauchst du ein deutliches Nein und eine sehr aktive Abgrenzung.

Der ultimative Stopp bei massiver Grenzverletzung

Bei den Strategien in diesem Buch geht es ums alltägliche Grenzensetzen. Aber es kann vorkommen, dass du (oder jemand, den du kennst) in eine extreme Situation gerätst. Damit meine ich, dass eine andere Person massiv deine Grenzen überschreitet. Das kann strafbar sein. Das ist beispielsweise der Fall, wenn du gemobbt, gestalkt, erpresst, bedroht oder belästigst wirst.

Es ist wichtig, dass du diese Art von Grenzverletzung sofort beendest. Mach dabei keine Kompromisse. Mit deinem Verhalten zeigst du deutlich, dass jetzt bei dir der Ofen aus ist. Und zwar gründlich und restlos.

Lass dir das nicht gefallen: Belästigungen, Mobbing, Stalking und jede Form der Entwürdigung sind massive Grenzverletzungen. Stopp das sofort – laut und deutlich.

Wenn du mit der Person sprichst, die deine Grenze so massiv überschritten hat, dann rede mit strenger Stimme und gern etwas lauter als gewöhnlich. Antworte nicht inhaltlich auf das, was gesagt wurde. Beschränke dich darauf, das Verhalten deines Gegenübers klar zu markieren. Gibt dem, was passiert ist, einen Namen.

Hier ist ein Vorschlag, wie du das ausdrücken kannst: »Das, was Sie gerade sagten, ist eine Beleidigung (… ist eine sexuelle Belästigung, ist eine Drohung, ist eine Erpressung).«

Wenn es für dich passend ist, kannst du der anderen Person sagen, wie du damit umgehen willst. Das könnte zum Beispiel heißen: »Ich werde bei der Polizei Anzeige erstatten.« Oder: »Diesen Vorfall melde ich dem Betriebsrat (dem Personalrat, der Geschäftsführung, meiner Anwältin)«. Damit zeigst du der anderen Person dein »Waffenarsenal«, das dir zur Verfügung steht.

In jedem Fall gilt: Hol dir Hilfe. Sorg dafür, dass du nicht allein dastehst. Beraten kann dich beispielsweise die Opferschutzorganisation der »Weiße Ring« (in Deutschland: www.weisser-ring.de, in Österreich: www.weisser-ring.at und in der Schweiz: www.opferhilfe-schweiz.ch).

Und bitte wisch dein inneres Nein nicht weg. Drück es aus. Sag es laut. Grenz dich streng und eindeutig ab. Tu alles, was in deiner Macht steht, damit sich dieser Vorfall nicht wiederholt.

Wie du deinen Ärger für dich nutzen kannst

Die Strategien in diesem Buch drehen sich darum, wie wir uns souverän und wirksam abgrenzen können. Dabei ist unser Ärger oft ein Grund, warum wir überhaupt Grenzen setzen. Da ist etwas, das uns stört. Etwas Unangenehmes, das wir so nicht hinnehmen wollen. Und wir ärgern uns darüber. Dieses Gefühl ist ein Zeichen, das uns sagt: Hier stimmt etwas nicht.

Ich möchte dir jetzt zeigen, wie du mit diesem Gefühl umgehen kannst. Vor allem, wie du verhinderst, dass der Ärger bei dir die Regie übernimmt und deine Gespräche oder E-Mails verdirbt.

Lass uns das Thema Gefühle allgemeiner betrachten. Gefühle sind zum Fühlen da. Sie sind wertvolle Signale. Aber sie sind keine Kommandos. Wir müssen nicht tun, was ein Gefühl uns scheinbar sagt. Wenn du also denkst: »Ich bin total sauer, ich könnte ihn erwürgen«, dann fühlst du deine Wut. Aber du musst dein Gegenüber nicht erwürgen oder ihm einen anderen Schaden zufügen.

Das Gefühl diktiert dir nicht, was du sagen oder tun musst. Du bist souverän. Du kannst wählen, wie du mit dem Gefühl umgehen willst. Akzeptiere, dass du dich so fühlst, wie du dich gerade fühlst. Und entscheide, was du sagen, schreiben oder tun willst.

Gefühle sind zum Fühlen da. Aber sie sind keine Kommandos, auf die du hören musst.

Was kannst du tun, wenn du verärgert bist?

- Du kannst das Gefühl in Worte fassen, indem du zu deinem Gegenüber sagst (oder schreibst): »Das hat mich geärgert.« Oder: »Darüber ärgere ich mich.« So teilst du der anderen Person mit, was mit dir los ist.
- Eine andere Möglichkeit besteht darin, das Gefühl einfach nur zu fühlen. Dabei wartest du, bis der Ärger bei dir abgeklungen ist. Erst wenn du innerlich ruhiger geworden bist, entscheidest du, was angemessen und vernünftig ist.

- Du kannst auch sofort reagieren, während du das Gefühl einfach so sein lässt, wie es gerade ist. Du führst beispielsweise ein zielgerichtetes Gespräch oder schreibst eine E-Mail und spürst deinen Ärger. Das ärgerliche Gefühl bleibt im Hintergrund und beeinflusst nicht deinen Tonfall oder deine Wortwahl.
- Später suchst du dir einen ruhigen Platz, um wütend aufzustampfen, die Wand anzuschreien oder um böse Grimassen zu schneiden. Damit drückst du die Ärger-Energie aus.

Du musst das Gefühl nicht leugnen und es auch nicht unterdrücken. Du kannst alles fühlen. Und dann entscheidest du, was dich weiterbringt; was jetzt für dich und dein Gegenüber passend ist.

Falls du, wie ich, manchmal ein Hitzkopf bist und dein Ärger mit dir durchgeht, habe ich hier noch eine andere, sehr hilfreiche Strategie für dich: die Stopp-Strategie. Die hilft dir auch, bei anderen Gefühlen, die dich eventuell »um den Verstand bringen«. Das können Empfindungen sein, wie zum Beispiel Eifersucht oder Beleidigt-Sein. Ich möchte dir an einem Beispiel zeigen, in welchen Situationen diese Stopp-Strategie besonders nützlich ist.

Christian, mit dem ich ein Coaching durchführte, sagte zu mir: »Als Teamleiter führe ich Feedback-Gespräche durch. Ein Kollege aus dem Team macht häufiger Fehler bei der Arbeit. Ich will ruhig und sachlich bleiben, aber ich reg mich trotzdem auf, wenn er seinen Fehler nicht einsehen will. Und dann versucht er noch, mir die Schuld in die Schuhe zu schieben. Das macht mich so wütend – ich könnte ihm eine verpassen! Ich werde dann lauter und fang an, auf ihn einzureden. Das beeindruckt ihn aber überhaupt nicht. Er grinst mich an und sagt zu mir, ich würde so klingen wie seine Mutter. Da könnte ich komplett ausrasten! Ich weiß nicht, wie ich meinen Ärger abstellen kann.«

Christian hat gemerkt, was sein Ärger ihn kostet. Auf seinen Kollegen wirkte er so, als hätte er sich nicht im Griff. Man konnte ihn leicht provozieren. Sein Ärger brachte ihn vom Kurs ab. In den Gesprächen verlor er seinen roten Faden. Und das hat sein Kollege ausgenutzt.

Im Coaching haben wir zuerst danach gesucht, vorher sein Ärger kam. Und wir fanden den Grund. Es war nicht der Fehler, den sein Kollege gemacht hatte. Ursache für das Verärgert-Sein war Christians innerer Kritiker. Der regte sich in seinen Gedanken auf, weil eine Antreiber-Vorschrift nicht erfüllt wurde. Die Vorschrift von Christians Antreiber lautete: »Wer einen Fehler macht, sollte das auch zugeben.« Und weil sein Kollege den Fehler nicht zugeben konnte, tobte ein empörter innerer Kritiker durch Christians Gedanken.

Immer wenn wir von den Vorschriften des Antreibers beherrscht werden, steht auch der innere Kritiker im Hintergrund und wartet auf seinen Einsatz. Jede nicht erfüllte Antreiber-Vorschrift kann – wenn wir nicht dazwischengehen – unseren inneren Kritiker aufstacheln. Und der lässt dann eine Empörungslawine vom Stapel. Das ist der Ärger, den wir spüren, zusammen mit dem Gefühl, wir wären im Recht.

Wenn du dich über jemanden ärgerst, überprüfe deine Gedanken. Gegen welche Soll-Vorschriften deines Antreibers hat dieser Mensch verstoßen?

Aber so muss es nicht ablaufen. Wir können dazwischengehen, wenn wir wollen. Diese Strategie, mit der wir verhindern können, dass unser Ärger uns beherrscht, ist einfach. Sie erfordert allerdings Selbstdisziplin. Sie lässt sich so zusammenfassen: sich stoppen und die Pausentaste drücken.

Genau das habe ich mit Christian während des Coachings trainiert.

Wichtig dabei ist: Es geht nicht darum, den eigenen Ärger zu unterdrücken oder »wegzumachen«. Diese Stopp-Strategie verhindert nur, dass das ärgerliche Gefühl uns beherrscht und damit unsere Wortwahl und unsere Handlungen bestimmt.

Diese Stopp-Methode möchte ich dir hier vorstellen. Du kannst sie dir schnell aneignen. Allerdings brauchst du mehrere Wiederholungen, um sie zu verinnerlichen. Hier kommt die genaue und ausführliche Anleitung. Wenn du danach ein paar Mal geübt hast, kannst du zur Kurzfassung übergehen. Die beschreibe ich gleich danach.

Der Versuch, ein Gefühl loszuwerden, geht nach hinten los. Wenn wir ein Gefühl bekämpfen, wird es stärker.

Gesprächsstrategie: Wie du verhinderst, dass der Ärger dich beherrscht

- Wenn du merkst, dass du innerlich hochgehst und deine Gelassenheit verlierst, unterbrich dich selbst. Stopp deinen Redefluss. Antworte nicht. Wenn du beispielsweise eine E-Mail schreibst – hör auf. Tipp nicht weiter.
- In diesem Moment stoppst du dich selbst. Und du stoppst auch den Kontakt zu deinem Gegenüber. Atme tief ein und aus. Lass die Ärger-Anspannung los.
- Beweg dich, indem du deine Körperhaltung veränderst. Geh in eine aufrechtere Haltung, ohne dass du dich dabei verspannst.
- Bleib im Stopp-Modus … Bis du dich etwas beruhigt hast.

Welchen Eindruck du auf dein Gegenüber machst – das spielt keine Rolle. Was dein Gegenüber denkt, ist nicht deine Angelegenheit und geht dich nichts an.

- Verurteile dich nicht. Bleib dir gegenüber freundlich und schau nach, was deine Quälgeister zu der Sache zu sagen haben. Sag Hallo zu diesem Teil deines Denkens und bedank dich für die Information.
- Wenn du noch ungeübt bist, brauchst du eine längere Stopp-Zeit, ein längeres Schweigen, mehrere tiefe Atemzüge. Gönn dir das. Du übst gerade etwas sehr Wertvolles. Etwas, das dir dein ganzes Leben lang viel Stress erspart und alle deine Beziehungen verbessert.
- Mach dir klar, was du willst. Frag dich selbst: Wozu möchte ich Nein sagen? Was möchte ich abstellen oder einschränken? So kommst du zurück zur Sache, um die es geht. Du verstrickst dich nicht in Nebensächlichkeiten.
- Drück das, was du erreichen möchtest, klar aus – ohne dich selbst oder dein Gegenüber schlecht zu machen.
- Es kann für dich passend sein, dass du deinem Gegenüber sagst, wie du dich fühlst. Etwa so: »Ich habe gemerkt, dass ich ärgerlich wurde.« Oder: »Da war ich gerade fassungslos.«

Du lernst diese Stopp-Strategie nur, indem du sie tatsächlich anwendest. Sie hier zu lesen, reicht nicht. Du kannst sie immer dann trainieren, wenn du im Alltag wegen irgendetwas sauer wirst oder in Gedanken schimpfst. Das sind perfekte Gelegenheiten, um dich selbst zu unterbrechen. Stopp dich selbst. Achte darauf, dass dein Sauer-Sein, dein Ärger nicht bestimmen, wie du lebst, was du tust und was du sagst. Dabei muss das Gefühl nicht verschwinden. Du verhinderst nur, dass es dich beherrscht.

Nachdem du das ein paar Mal geübt hast, merkst du, dass du fast automatisch zur Kurzfassung übergehst. Diese Kurzfassung habe ich für dich hier aufgeschrieben.

Gesprächsstrategie: Den Ärger in den Griff kriegen – in drei Schritten

1. **Du merkst, dass du sauer oder wütend wirst.** Akzeptiere dieses Gefühl. Es ist okay, dass du dich so fühlst.
2. **Stopp!** Mach beim Sprechen oder Schreiben eine kurze Pause. Lass den Ärger in den Hintergrund treten. Beweg dich, indem du eine aufrechte Körperhaltung einnimmst. Atme tief ein und aus.
3. **Frag dich, was du erreichen möchtest.** Fokussier dich auf deine Absicht, dein Ziel. Und wähle sorgfältig deine Worte aus.

Wie ich die Stopp-Strategie trainiere

Beim Coaching mit Christian habe ich die Rolle seines Kollegen übernommen. Christian hatte die Aufgabe, mit mir (also dem Kollegen) über einen Fehler zu reden, den ich gemacht hatte. Und ich – als sein Kollege – habe das getan, was ihn früher immer so verärgert hat: Ich habe den Fehler nicht zugegeben und behauptet, es wäre alles seine Schuld.

Das Ganze war nur eine Simulation. Aber die funktionierte: Christian reagierte wie im echten Leben. Sein Tonfall wurde härter, seine Stimme lauter und er schlug mit der flachen Hand wütend auf die Tischplatte. Damit begann das Training. Ich habe Christian kurz erklärt, wie er sich selbst stoppen kann – genau in dem Moment, in dem er sich gereizt fühlt. In dem Moment, in dem er merkt, dass er ärgerlich wird.

Dieses Stoppen während des Gespräches haben wir insgesamt drei Mal trainiert. Bereits nach der zweiten Trainingsrunde konnte er bei seinem Ärger die Pausentaste drücken. Deshalb habe ich den Schwierigkeitsgrad erhöht. Ich spielte immer noch seinen Kollegen, allerdings habe ich Christian heftiger gereizt. Ich habe ihn angegriffen und behauptet, er würde seine Fehler auch nicht zugeben. Ich konnte sehen, wie sich Christians Gesicht verzog. Da kam schon wieder sein Ärger hoch. Aber bevor er mir antwortete, wurde er still. Er holte tief Luft. Kurz danach sprach er mit ruhiger Stimme, selbstbewusst. Er sagte, er würde lieber darüber reden, wie der Fehler behoben werden könnte. Dann sprach er darüber, wie er sich das vorstellte. Ja, Christian hatte die Kurve gekriegt. Auf mich wirkte er ruhig und gefasst. Er hatte den Bogen jetzt raus.

Du kannst deinen Ärger, das Wütend-Werden unterbrechen. Du stoppst dich selbst und machst eine Pause. Damit verhinderst du, dass dein Ärger die Regie übernimmt.

Wenn andere Leute dich zu sehr reizen – drück die Pausentaste

Die Stopp-Strategie kann noch viel mehr. Mit ihr befreist du dich aus einer »Ja, das mach ich«-Gewohnheit. Das kann beispielsweise eines der Muster sein, die wir im ersten Teil des Buches untersucht haben. Jemand jammert, um dich dazu zu bringen, dass du aufspringst und die Sachen für ihn oder sie erledigst. Oder deine Leute bauen Murks und du bist kurz davor, den Karren für sie aus dem Dreck zu ziehen. Es sieht so aus, als wärest du in einem Jasagen-Muster gefangen, obwohl du dich eigentlich abgrenzen möchtest. Auch hier kann dir die Stopp-Strategie helfen. Du merkst, dass du kurz davor bist, Ja zu sagen und dein Nein runterzuschlucken. Bevor du ein Wort laut aussprichst, mach eine Pause. Sei still. Vielleicht hilft es dir, wenn du kurz aus dem Kontakt rausgehst. Steh auf und … mach ein Fenster auf oder geh aufs WC. Oder hol dir aus der Tasche deiner Jacke ein Taschentuch. Kurz gesagt: Beweg dich.

Während du dich selbst unterbrichst, überleg dir, was du wirklich willst. Du hast gehört, was los ist. Du weißt, was deine Leute von dir wollen oder erwarten. Und statt automatisch darauf zu reagieren, kann dein Denken eine neue Richtung einschlagen. Aber dafür brauchst du ein wenig Bedenkzeit. Die verschaffst du dir, indem du dich selbst stoppst.

Achte darauf, wann genau das alte automatische Verhalten bei dir anspringt. Du kannst dich leichter stoppen, wenn es noch nicht seine volle Wucht entfaltet hat.

So nutzt du die Macht der Hartnäckigkeit

Es kann vorkommen, dass dein Nein nicht sofort akzeptiert wird. Du grenzt dich ab, aber dein Gesprächspartner protestiert. Oder dein Gegenüber versucht, dich umzustimmen. Was steckt dahinter? Und wie kannst du damit umgehen?

Es gibt drei mögliche Ursachen, weshalb dein Nein nicht akzeptiert wird.

1. **Dein Gegenüber hatte den Eindruck, dass du beim Neinsagen unsicher warst.** Deine Unsicherheit wirkt wie eine stumme Einladung, auf der steht: »Ich bin unentschlossen. Probier mal, ob du mich umstimmen kannst.« Dein Gegenüber nimmt die unausgesprochene Einladung an und versucht jetzt, dich von deinem Nein abzubringen. Das Gegenmittel kennst du: Bereite dein Nein innerlich vor. Überleg dir, mit welchen Worten du das sagst, was dir wichtig ist. Und strahle dabei ein Maximum an Selbstsicherheit aus.
2. **Dein Nein wurde nicht wirklich verstanden.** Vielleicht hast du zu viele Worte gemacht und das, was du eigentlich sagen wolltest, ist dabei untergegangen. Oder dein Gegenüber war beim Zuhören abgelenkt und hat schlicht nicht mitbekommen, dass du Nein gesagt hast. Das ist kein Problem. Menschen sind manchmal gedanklich ganz woanders, während sie dich anschauen und so wirken, als würden sie dir zuhören. Wenn du feststellst, dass dein Nein nicht angekommen ist, wiederhol das, was du gesagt hast. Wenn du magst, benutz andere Worte. Oder sag einfach nochmal das Gleiche.
3. **Dein Gegenüber hat andere Interessen als du.** Dein Nein widerspricht dem, was die andere Person will. Sie will dir etwas verkaufen. Oder sie will, dass du dieses oder jenes für sie tust. Oder dass du irgendwo mitmachst, dich beteiligst. Aber du willst das nicht. Mit anderen Worten: Ihr habt gegensätzliche Interessen. Und natürlich versucht dein Gegenüber, seine Interessen bei dir durchzusetzen. Das ist kein Problem. Mach dir klar, was du willst. Und warum du das willst. Gib dir selbst die Erlaubnis, deine Interessen zu vertreten. Wenn dir dein Nein wichtig ist, dann bleib dabei – beharrlich.

Immer wenn dein Nein vom Tisch gefegt, belächelt oder nicht verstanden wird, brauchst du nur eins: Hartnäckigkeit. Mehr nicht.

Hartnäckigkeit ist ganz einfach. Du wiederholst dein Nein. Und wenn auch dieses Nein nicht akzeptiert wird, dann … wiederholst du es.

Aber was ist, wenn dein Gegenüber auch hartnäckig ist?

Herzlichen Glückwunsch!

Jetzt kannst du deine Ausdauer trainieren. Du zeigst deinem Gegenüber, dass du den längeren Atem hast. Du wiederholst dein Nein so lange, bis dein Gegenüber merkt, dass du wie ein Fels in der Brandung beharrlich bei deiner Abgrenzung bleibst. Das kann dauern. Aber du hast ein großes Plus auf deiner Seite: Du musst dich dabei nicht aufregen. Du kannst dich innerlich von deinen Quälgeistern lösen und ohne Stress, ohne inneres oder äußerliches Schimpfen ganz ruhig das wiederholen, was du zu sagen hast. Du bleibst beharrlich, ohne zu eskalieren.

Stimmig und passend – genau deins: Was du mit deiner Weisheit für dich tun kannst

Vielleicht gibt es deinem Leben etwas, das du jetzt nicht ändern kannst. Das können Verpflichtungen sein, die du eingegangen bist und für die du nun verantwortlich bist. Tätigkeiten, die du übernommen hast, und aus der Nummer kommst du nicht raus.

Zum Beispiel: Dein Kind ist krank und bleibt zu Hause. Du versuchst, den Job von zu Hause aus irgendwie zu regeln. Nebenbei versorgst du den Hund und du kümmerst dich darum, dass etwas Essbares im Kühlschrank ist. Neinsagen? Geht nicht. Du bist dran.

Oder ihr habt euch ein älteres Haus gekauft, das ihr jetzt zusammen saniert. Jedes Wochenende bist du auf der Baustelle. In der Woche kümmerst du dich um deine Arbeit und vielleicht auch noch um deinen Vater, der einen Unfall hatte und jetzt allein zu Hause ist. Du schaffst es nicht mehr, zum Sport zu gehen. Und das Singen im Chor fällt schon seit Wochen aus. Du würdest gern mehr Zeit für dich haben, aber sich abgrenzen – geht nicht.

Oder du machst dich gerade selbstständig, gründest ein Start-up, akquirierst neue Kunden, zahlst einen Kredit ab, suchst eine neue Wohnung. Finanziell kommst du gerade so über die Runden. Aber wenn du nicht bald mehr Umsatz machst, wächst dein Schuldenberg und vielleicht droht sogar die Pleite. Du würdest gern zu der einen oder anderen Verpflichtung Nein sagen, aber … du bist dran.

Wenn du viel zu tun hast, achte darauf, dass dein innerer Antreiber nicht noch zusätzlich Druck macht. Und erlaube dir immer wieder genügend Pausen.

Wenn das Neinsagen beim besten Willen nicht geht, brauchst du deine Weisheit. Die Weisheit ist der Teil deiner Seele, der deine intuitive Intelligenz verwaltet. Deine Weisheit hat den Überblick. Mit ihrer Hilfe kannst du deine Belastungen von oben, wie von einem Berggipfel oder von einem Leuchtturm aus, wahrnehmen. Und dort, aus der Distanz heraus, erkennst du die Freiräume, die Möglichkeiten, die du nicht siehst, wenn du mittendrin steckst und die Wellen über deinem Kopf zusammenschlagen.

Wo versteckt sich deine Weisheit?

Sie ist nie weit weg. Du kannst sie blitzschnell erreichen, allerdings nur, wenn du deine anderen »Ratgeber« für einen Moment entlässt. Der innere Kritiker, der Antreiber und der Sorgenmacher sind viel lauter als deine Weisheit. Und womöglich hast du es dir angewöhnt, auf diese Stimmen in deinen Gedanken zu hören und ihnen alles abzukaufen, was sie dir erzählen. Dann sieht es so aus, als wäre deine Weisheit verschwunden. Oder nur bei Gurus und erleuchteten Meistern zu finden.

Tatsächlich ist deine Weisheit nur zurückhaltend. Genauso wie dein wahres Ich ist sie nicht aufdringlich. Sie veranstaltet keinen Lärm. Aber wenn du es dir wünschst, ist sie für dich da. Du brauchst nur ein wenig Ruhe.

Lass uns zusammen Kontakt mit ihr aufnehmen. Nimm dir Zeit und schau dir alles, was du gerade zu tun hast, aus einiger Entfernung an. Wenn du jetzt von oben auf dich und deinen Alltag runterschauen würdest – womit »kämpfst« du am meisten?

Die Weisheit ist der Teil unserer Persönlichkeit, der den umfassendsten Überblick über uns selbst und unser Leben hat.

Wo brauchst du eine Entlastung?

Und musst du dich bei allem, was du tust, wirklich so anstrengen?

Sich anstrengen müssen – das ist etwas, das wir uns selbst auferlegen. Der Antreiber in unseren Gedanken verlangt, dass wir einen bestimmten Maßstab einhalten. Alles zu erledigen reicht ihm nicht. Es muss auch super, toll und glänzend sein.

Ja, wir haben Aufgaben und Verpflichtungen. Das ist das Was. Was wir zu tun haben. Deine Weisheit zeigt dir, dass du immer am Wie drehen kannst. Das Wie ist die Frage, wie du das alles erledigst. Wie packst du das an? Es geht dabei jetzt nicht um Produktivitätstechniken oder eine spezielle App auf deinem Smartphone. Es geht um deine Ansprüche an dich selbst.

Wenn die Messlatte zu hoch liegt,
scheitern wir an unseren eigenen Ansprüchen.

Du bestimmst, ob du es dir schwer machst oder ob du es dir leicht machst. Du kannst gestresst, mit Leistungsdruck und einem Gefühl der Überforderung an die Sachen herangehen. Oder du vereinfachst das Ganze und senkst deine Ansprüche. Wie du an die Dinge herangehst – das bestimmst du. Das gehört zu deinem Hoheitsgebiet.

Lass es mich etwas allgemeiner sagen: Das, was du nicht ändern kannst, muss dich nicht unglücklich machen. Du musst nicht darunter leiden.

Strategie:
Die Weisheit befragen

Mach zunächst drei Schritte für mehr Ruhe (die kannst du auch zwischendurch immer mal wieder nutzen).

- **Schritt eins: Nimm dir Zeit.** Wenn es nur fünf Minuten sind – prima. Setz dich irgendwohin, wo du ungestört bist.
- **Schritt zwei: Lass die Gedanken los.** Richte deine Aufmerksamkeit auf deine sinnliche Wahrnehmung. Also auf das, was du jetzt gerade siehst, hörst und empfindest. Lass alles so, wie es ist. Im Moment nimmst du nur wahr, was gerade da ist.
- **Schritt drei: Lass deine körperliche Anspannung los.** Entspann deine Schultern, deinen Nacken, die Region um die Augen, deine Kiefermuskulatur. Deine Bauchdecke kann weich werden. Atme dabei bewusst tief ein und aus. Du merkst, dass du dich immer mehr entspannen kannst.

Wenn du ein wenig zur Ruhe gefunden hast, kann deine Weisheit zu dir durchdringen. Frag dich selbst – in Gedanken: Wo mache ich es mir zu schwer?

Wahrscheinlich bekommst du eine klare Antwort. Und irgendwie wusstest du es auch schon.

Vielleicht kommen dir mehrere Sachen in den Sinn.

Egal, wie schnell oder langsam die Antwort kam, bedank dich dafür. Ich sage im Stillen einfach: »Danke schön.« Indem du dich bei deiner Weisheit bedankst, ehrst du diese Intelligenz, die nur für dich da ist und die bereit ist, dich jederzeit zu unterstützen.

Wie du deine Ansprüche senken kannst

Bleib verbunden mit deiner Weisheit, während wir einen Schritt weitergehen. Du hast eine Idee davon bekommen, wo du es dir zu schwer machst. Wie wäre es, wenn du es dir leichter machen würdest?

Lass die folgenden Fragen auf dich wirken und achte bewusst darauf, was deine Weisheit dazu sagt.

- Wo habe ich zu hohe Ansprüche an mich selbst?
- Wie kann ich das, womit ich mich herumschlage, vereinfachen?
- Wie kann ich es mir leicht machen?
- Welchen kleinen Schritt kann ich heute in Richtung Erleichterung und Vereinfachung machen?

Wenn wir die Messlatte tiefer legen
und unsere Ansprüche senken,
kommen wir entspannt drüber.

Behüte und schütze die Antworten, die dir in den Sinn kommen, und sorg dafür, dass dein Antreiber und dein Kritiker nicht alles kaputt machen. Es geht um das kleine Etwas, das jetzt möglich ist. Dieses kleine Etwas, das du jetzt vereinfachen oder dir erleichtern kannst. Heute.

Unter Erleichterung fällt zum Beispiel auch: sich Hilfe holen. Andere darum bitten, dass sie dich unterstützen. Die Lasten nicht allein tragen, sondern delegieren, abgeben, verteilen. Erleichterung ist auch, nur das Nötigste zu tun und sich vom eigenen Perfektionismus abzugrenzen. Vereinfachung entsteht durchs Aufräumen, Entrümpeln, durch einen Fokus auf den Knackpunkt, während aller überflüssiger Schnickschnack abgeschafft und weggelassen wird.

Dabei gibt es ein großes Aber:

Aber die Quälgeister in deinen Gedanken melden sich zu Wort und je nachdem, wie sie gestrickt sind, protestieren sie oder schimpfen gleich los. Sie fürchten sich vor dem, was die Leute über dich denken könnten, wenn du es dir leicht machst. Oder die Quälgeister bombardieren dich gleich mit dem großen »Geht nicht!«.

Was immer diese Quälgeister auch sagen, es ist kein Problem. Wenn es um solche Veränderungen geht, melden sich diese Teile fast immer zu Wort. Du hast einen enormen Vorteil auf deiner Seite: Dir sind diese Quälgeister bewusst geworden. Du hast ihre Machenschaften schon kennengelernt. Du weißt, dass sie nicht dein wahres Ich sind. Du bist gut abgegrenzt und sie können dich nicht beherrschen. Du kannst es dir leisten, auf deine Weisheit zu hören.

Jeden Tag kümmerst du dich darum, dass du seelisch und körperlich gesund lebst. Du sorgst dafür, dass du nicht überfordert wirst – weder von anderen Leuten noch von dir selbst.

Das ist dein Leben.

Und du hast Grenzen.

Schlusswort

Zum Schluss geht es um unsere Motivation, um das Warum.

Warum sagen wir Nein?

Warum setzen wir Grenzen?

Eine Antwort ist: Um das Belastende und Nervige einzudämmen oder ganz abzuschaffen.

Lass uns noch einen Schritt weitergehen:

Was bringt es uns, wenn das Belastende eingedämmt oder abgeschafft wurde?

Wir nähern uns dem Kern des Ganzen: Für die meisten von uns geht es darum, mehr Freude ins Leben zu bringen.

Zu wenig Nein hat eine drastische Nebenwirkung, die oft zu spät bemerkt wird: Die Lebensfreude geht verloren. Dafür gibt es einen Fachbegriff: Anhedonie – sich nicht mehr freuen können. Die Menschen werden ernst, im Dauerbetrieb. Nur wenn sie sich Sitcoms anschauen, huscht ihnen ein Lächeln übers Gesicht. Oder wenn sie höflich »Guten Tag« sagen. Aber der Grundton ihres Lebens ist der Blues, die tragische Oper. Anders gesagt: Nix zu lachen.

Also, Hand aufs Herz: Wie viel Freude gönnst du dir – bereits jetzt?

Früher hat wahrscheinlich der innere Antreiber deine To-do-Liste verwaltet. Und auf dieser Liste fehlte der Punkt: »Ich mach mir heute eine Freude«.

Aber jetzt kannst du unabhängig vom Antreiber direkt das ansteuern, was der Sinn des ganzen Neinsagens ist: einen

Freiraum im Alltag zu schaffen, in dem du der Freude folgen kannst. Mein Vorschlag, um die Freude im Alltag zu vermehren, lautet: mehr spielen, mehr tanzen.

Wann hast du zuletzt mit deinen Leuten die Frisbeescheibe geworfen oder Federball gespielt? Wann hast du Domino, Mikado oder Karten gespielt – nicht online, sondern analog an einem Tisch mit echten Menschen? Wann hast du das letzte Mal wild getanzt? Oder Luftgitarre gespielt oder in eine Haarbürste gesungen wie in ein Mikrofon.

Für unseren inneren Antreiber sind das alles Sachen, die nichts bringen. Und für diejenigen, die in ihre To-do-Liste eingewickelt sind, ist das bloße Zeitverschwendung.

Zum Glück – und ich meine wirklich »Glück« – sind wir nicht unser Antreiber. Und unsere To-do-Liste ist nicht unser Chef, sondern nur ein Butler, der uns dient. Das Leben ist kein pausenloses Pflichterfüllungsprogramm. Um der Freude einen Platz in deinem Alltag zu geben, musst du dich nicht rechtfertigen. Du musst niemandem etwas beweisen. Du erlaubst dir selbst, mit allem zu spielen, was dir das Leben vor die Füße wirft.

Von ganzem Herzen wünsche ich dir, dass du jeden Tag etwas findest, das dir Freude macht.

Barbara Berckhan

Literaturtipps

Berckhan, Barbara: *Judo mit Worten. Wie Sie gelassen Kontra geben.* Kösel, München, 10. Auflage 2018

Berckhan, Barbara: *Keine Angst vor Kritik. So reagieren Sie souverän.* Kösel, München, 2003 (mit Audio-CD)

Berckhan, Barbara: *Sanfte Selbstbehauptung. Die 5 besten Strategien, sich souverän durchzusetzen.* Goldmann, München, 5. Auflage 2021

Berckhan, Barbara: *So bin ich unverwundbar. Sechs Strategien, souverän mit Ärger und Kritik umzugehen.* Heyne, München, 12. Auflage 2019

Brann, Amy: *Neuroscience for Coaches: How to Use the Latest Insights for the Benefit of Your Clients.* Kogan Page, London, 2. Auflage 2017

Earlay, Jay: *Meine innere Welt verstehen. Selbsttherapie mit Persönlichkeitsanteilen.* Kösel, München, 5. Auflage 2022

Eyal, Nir: *Die Kunst, sich nicht ablenken zu lassen. Indistractable – Werden Sie unablenkbar.* Redline, München, 2019

Hayes, Steven C.: *Kurswechsel im Kopf. Von der Kunst anzunehmen, was ist, und innerlich frei zu werden.* Beltz, Weinheim Basel, 2. Auflage 2020

Headlee, Celeste: *Do Nothing. How to Break Away from Overworking, Overdoing, and Underliving.* Harmony Books, New York, 2020

Holmes, Tom und Holmes Lauri: *Reisen in die Innenwelt. Systemische Arbeit mit Persönlichkeitsanteilen.* Kösel, München, 8. Auflage 2021

Levitin, Daniel J.: *The Organized Mind: Thinking Straight in the Age of Information Overload*. Plume, New York, 2015

Newport, Cal: *Digitaler Minimalismus. Besser leben mit weniger Technologie*. Redline, München, 2. Auflage 2021

Newport, Cal: *Konzentriert arbeiten. Regeln für eine Welt voller Ablenkungen*. Redline, München, 4. Auflage 2020

Riemersma, Jenna: *Altogether You. Experiencing personal and spiritual transformation with Internal Family Systems therapy*. Pivotal Press, Marietta/Georgia, 2020

Schulz von Thun, Friedemann: *Miteinander reden, Band 3: Das »Innere Team« und situationsgerechte Kommunikation*. Rowohlt, Reinbek bei Hamburg, 29. Auflage 2013

Schulz von Thun, Friedemann; Stegmann, Wibke (Hrsg.): *Das innere Team in Aktion. Praktische Arbeit mit dem Modell*. Rowohlt, Reinbek bei Hamburg, 13. Auflage 2004

Schwartz, Richard C.: *Kein Teil von mir ist schlecht. Mit dem Modell des inneren Familiensystems Trauma heilen und zur Ganzheit zurückfinden*. Arbor, Freiburg im Breisgau, 2022

Shapiro, Robin: *Ego-State-Interventionen – leicht gemacht. Strategien für die Teilearbeit*. G. P. Probst, Lichtenau, 3. Auflage 2020

Stone, Sidra; Stone, Hal: *The Voice Dialogue Anthology: Explorations of the Psychology of Selves and the Aware Ego Process*. Delos Publications, New York, 2012

Tolle, Eckhardt: *Stille spricht. Wahres Sein berühren*. Arkana, München, 16. Auflage 2020

Weiss, Bonnie: *Unsere innere Welt erkunden. Der IFS-Prozess Schritt für Schritt*. Arbor, Freiburg im Breisgau, 2020

Wurmb-Seibel, Ronja von: *Wie wir die Welt sehen. Was negative Nachrichten mit unserem Denken machen und wie wir uns davon befreien*. Kösel, München, 4. Auflage 2022